U0921314

国家出版基金项目

瑶族古歌

莫纪德　主编

风流歌

风流歌简介

山歌，顾名思义，是在山坡野外唱的歌。因为山歌主要以男女对唱的形式出现，瑶族民间有“风流歌”“野歌”“骚歌”“连双歌”等俗称。瑶族不像壮族有专门的歌节，也不会男女邀约一起到野外去集体唱歌。一般情况下，女的邀伴到野外寻猪菜、采茶叶，或男的去放牛、砍柴、挖竹笋，一边劳作一边闲唱，自娱自乐。一方遇到这样的情景，就会起歌逗唱。逗唱多以男性特别是青年为主，开始男方会以“一邀二请”的方式，请对方唱歌。女方不会立即答歌，男方再“三求四劝”，如果不成，只好悻悻作罢。也有用“野歌”“骚歌”激怒女方回唱的，于是双方就会“开战”对唱起来。这样的歌是在离开家庭，没有管束的情境下随口答唱，所以唱得骚野。这样的歌没有固定的歌本，一方怎样唱，另一方就怎么答，所以双方都会“出口成章”。当然，无论男女双方都会一边唱歌一边劳作，以完成家长交付的劳动任务，回家交差。所以唱山歌时长也就是半天，如果双方“情投意合”，在有条件时可能相约再会。

风流歌共收录2500多首山歌，分为《连双歌》《送妹歌》两个版块。其中《连双歌》有45组，《送妹歌》

有5组。由此可见时至今日风流歌仍是瑶族人民喜闻乐唱的一类歌。

（一）连双歌

1. 清潭起浪引鱼来

（莲花镇黄泥岗村赵进才讲唱，黄连芳搜集）

清潭起浪引鱼来，唱首山歌引茶筛；
树头摇摇把鸟引，草尾动动引花开。

不会唱，手抱琵琶不会弹；
手抱琵琶弹不响，不会唱歌也是难。

妹会唱，手抱琵琶妹会弹；
平时琵琶弹得响，莫非今天换了弦。

不会唱，手拿洞箫不会吹；
手拿洞箫吹不响，难同歌手来相陪。

妹会唱，手拿洞箫妹会吹；
妹你好比韩湘子，吹箫给哥听一回。

不会唱，手拿弹弓不会弹；
三月棉花刚下种，做梦弹棉也枉然。

妹会唱，妹会唱歌又会玩；
我俩相逢唱两句，新收棉花共来弹。

不会唱，手拿鼓槌不会敲；
手拿鼓槌不会打，任人笑妹是傻包。

妹会唱，手拿鼓槌妹会敲；
请妹同哥跳个舞，莫要担心扭坏腰。

不会唱，雨天晒衣不会干；
哥你莫要再撮火，逼牛上树也是难。

妹会唱，妹你唱歌是老行；
高山打鼓声音远，九村八寨美名扬。

不会唱，出壳鸡崽不会啼；
泥巴做笛吹不响，牛崽下田不会犁。

妹会唱，妹会破篾会编箩；
妹会唱歌会唱戏，会戴师公鬼脸壳。

不会唱来不会啼，好比家中老母鸡；
吃了几多苞谷饭，受了几多冷风吹。

妹会唱来妹会啼，好比山中老画眉；
吃了几多鸡蛋米，穿了几多凤凰衣。

不敢唱，讲到唱歌妹心寒；
今早出门娘交代，不准唱歌不准玩。

扁担做过嫩竹笋，白布做过细棉纱；
爹娘也是歌圩出，也曾做过后生家。

不敢唱，我是项鸡不敢啼；
若还违反家规矩，回家老爹翘胡须。

唱歌不怕老人骂，老人当过后生家；
爹娘曾经种金藕，不会阻你种莲花。

不敢唱，旱田不敢插嫩秧；
浅土不敢种甘蔗，小鸭不敢过大江。

尽管唱，水田嫩秧尽管插；
我也是个嫩歌手，我俩嫩姜炒嫩鸭。

不敢唱，妹是黄雀不敢啼；
哥是山中画眉鸟，怎敢同你比高低。

尽管唱，唱歌不是论输赢；
唱歌只是图热闹，大家玩耍开开心。

不敢唱，笼里关鸡不敢啼；
哥在高楼妹在地，怎敢和哥比高低。

尽管唱，尽管唱来尽管吟；
唱歌只为图好耍，何必要来分输赢。

不敢唱，鸡见凤凰不敢啼；
哥是高干枫木树，妹是矮枝鸭脚梨。

尽管唱，竹篾穿笋尽管提；
手指长短各有用，个子高矮各有力。

不敢唱，早春不敢插晚禾；
不敢同哥平排坐，粗布哪敢比绫罗。

尽管唱，秋季棉花尽管收；
石板长街尽管走，鲤鱼下河尽管游。

怎样唱，阳雀出窝怎样啼；
妹是园中小桂树，怎样架得万丈梯。

慢慢唱，画眉出山慢慢啼；
好比喝酒杯对杯，交杯自然忘酒力。

怎样唱，鸡崽出壳怎样啼；
妹像牛崽学犁地，一分沙地九分力。

慢慢唱，长街好耍慢慢游；
长街好玩慢慢走，今夜总会走到头。

怎样唱，家里无柴怎样烧；
明知锅里有黄豆，妹无锅铲也难捞。

慢慢唱，竹筒打酒慢慢量；
剪刀裁衣慢慢剪，总会裁出好衣裳。

莫拿灯笼当枕垫，季节不到不扬花；
鸟蛋无缝盐自进，吊兰无土自扬花。

妹不连哥不要紧，唱歌玩耍又何妨；
蚂蟥过水无脚印，水面抛刀无损伤。

山歌好唱难起头，木匠难起八角楼；
瓦匠难烧琉璃瓦，铁匠难打钓鱼钩。

山歌好唱好起头，桐子上榨就有油；
只要老天肯下雨，水到廊檐自有沟。

山歌好唱难开腔，衣服好穿布难量；
糯米好吃田难种，鲤鱼好吃网难张。

山歌好唱好开腔，舀米下锅最好量；
自己衣服自己剪，莫管旁人论短长。

山歌好唱难起调，花鞋好穿针难缭；
河边好玩路难走，火花好看眼难瞧。

山歌好唱好起调，锣鼓同敲就对音；
调子本是遂心愿，要高要低总由人。

山歌好唱难开场，补锅补伞不同行；
两边山歌不同档，火筒见箫难开腔。

山歌好唱好开场，鸡鸭一摆就成行；
价码高低由人讲，我俩有商又有量。

山歌好唱起头难，雕工难雕百花山；
织女难织龙凤锦，画师难画人心肝。

讲是难来也不难，春来自有百花山；
头巾绣出龙凤锦，交情日久见心肝。

初来唱，初次开口唱山歌；
妹是鸭崽初下水，未曾见过大江河。

初次唱来也是歌，白鸟下塘也是鹅；
黄牛配鞍也是马，铜盆敲来也像锣。

初学唱，小小黄雀初学飞；
本来唱歌妹不会，只因有缘才相陪。

有歌唱来不怕丑，短笛横吹不怕羞；
鸭子下河不湿水，月亮作灯不用油。

初来唱，初来就唱初来歌；
初来就讲初来话，初拿土布配绫罗。

我俩初次唱山歌，都是牛崽初长角；
都是土枪对土炮，不是土布配绫罗。

初来学，初次来学唱山歌；
妹是剪刀初开口，恐怕剪坏细绫罗。

放心剪，妹拿剪刀放心裁；
哥今好比粗麻布，横裁竖剪任妹来。

初来耍，初次来耍初来玩；
锦鸡初来凤凰岭，泥鳅初到鲤鱼滩。

初相见，初次相见酒坊边；
妹也不知酒好酽，哥也不知酒价钱。

初来到，初到菜园扯茼蒿；
初到菜园好懵懂，恐怕扯着香葱苗。

初相会，初次相会是生疏；
烧水煮鸡任翻转，一回生来二回熟。

初相见来才相逢，初来说话也不同；
初来把话说同了，粗切韭菜细切葱。

妹今像个瞎子样，出门走进勾刺蓬；
走进刺蓬遇大蛇，心想逃命路难通。

喊你唱歌做游戏，不是喊你去挑泥；
唱歌不会费力气，只是动动嘴唇皮。

唱歌只是动嘴皮，肚里无才也着力；
好比老人啃瓜子，没有牙齿也难吃。

一请凤凰出高山，陪同金鸡唱一番；
有缘我俩才相会，一生难得这一天。

千里相会是有缘，可是来路不一般；
妹是来自哑巴岭，哥是来自山歌泉。

二请凤凰下高坡，陪同锦鸡唱一时；
天天都见公鸡叫，一生难听凤凰啼。

半路相逢有缘分，可是我俩不同门；
哥是出自画眉岭，妹是来自瘟鸡村。

三请凤凰上歌山，陪同锦鸡唱一排；
锦鸡难见凤凰叫，几多钱财买不来。

有缘相会在歌山，肚里无歌唱不来；
好比出门看田水，遇到大雨也躲开。

请一请二又请三，请妹唱歌实在难；
好比出门去借米，别人不信我会还。

当年刘备请孔明，句句话语带真情；
得知哥你有心意，妹就陪你唱几声。

这样讲来差不多，情也合来理也合；
人生难得一相见，总要开口唱山歌。

大树无荫空占地，乌云无雨枉遮天；
月亮不亮枉十五，人不风流枉少年。

未曾酿酒问酒品，未曾喝酒拿酒樽；
唱歌先拜歌师傅，过河先撑船上人。

你莫喊我歌师傅，酒坊打酒我半壶；
若妹也是半壶酒，我俩倒拢做一壶。

喊妹唱歌妹就来，喊妹裁衣妹就裁；
裁缝先学裁缝匠，唱歌先学哥肚才。

唱歌我是半桶水，只想向妹来学乖；
若妹也是半桶水，拢做一桶我俩抬。

哥喊唱歌妹就唱，手拿琵琶就来弹；
若是弹得不对调，枕头装糠多包涵。

出了大门就唱歌，出了村口就打锣；
祖坟葬到风流岭，命带桃花无奈何。

你家住在风流岭，我家住在风流河；
山盘水转来相会，不是我俩事先约。

口唱山歌乐悠悠，好比跳狮耍绣球；
竹子听见节节爆，江水听见也倒流。

唱歌唱出好声音，歌声飘上九霄云；
牛郎听见心也动，织女听见下凡尘。

妹有山歌放胆唱，莫怕别人说心贪；
莫怕别人打眼拐，唱起山歌才好玩。

唱歌好比炒花生，你放油盐我放糖；
只要耐心慢慢炒，吃来颗颗脆又香。

吹箫就要找同音，唱歌就要找同心；
琵琶挂在鹦鹉嘴，一唱一和才相称。

想到唱歌心就开，梦中还唱两三排；
梦里唱歌如醉酒，醉到天光才醒来。

金鸡落在高山顶，想唱几声唱几声；
骏马脱缰跑得快，抖抖鬃毛几精神。

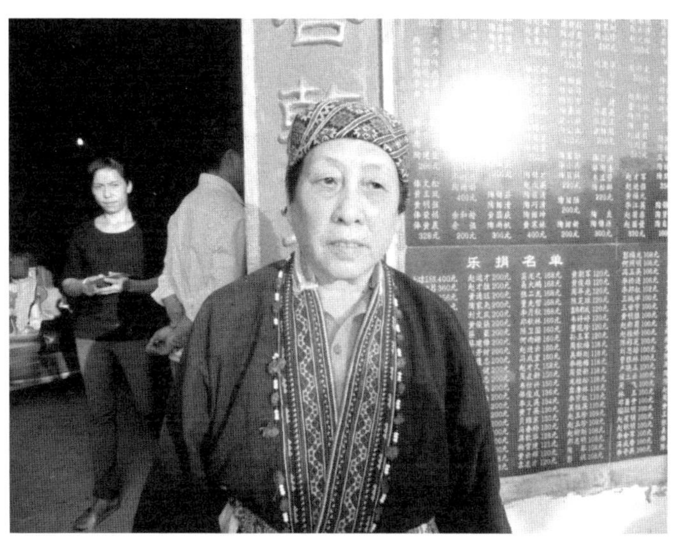

莲花镇龙围村歌师赵梅英曾获广西歌王称号 / 莫纪德 摄

不唱山歌人会老，唱起歌来返后生；
不信请看龙须菜，掐它一头又转青。

人要唱歌才威风，树要日晒花才红；
禾要加肥苗才壮，地要翻犁土才松。

唱歌你爱我也爱，遇到歌师瘾头来；
酸笋牛肉一锅炒，害我做梦嘴也开。

你莫喊我歌师傅，我也只是小学徒；
我今好比猴头菌，伸出头来尾又枯。

风吹蝴蝶过山界，河里乌龟水推来；
阳雀落在画眉岭，铁树到时花也开。

唱起山歌当过年，不费工夫不费钱；
一不偷来二不抢，唱起山歌乐翻天。

我俩见面唱山歌，一边唱来一边和；
山歌好比势江水，不怕滩险拐弯多。

山歌不唱心不开，渠道不挖水不来；
前人播下山歌种，不是我辈起头栽。

唱歌不是人发癫，不怕老人在跟前；
唱歌本是老人造，老人造来后生传。

唱歌本是古人传，千年不断到今天；
好比初一到十五，节气转接好自然。

林密引得鸟做窝，树高引得凤凰落；
自从有了刘三姐，引得人人爱唱歌。

2. 莫让藤子开虚花

（栗木镇唐金秀讲唱，田明月搜集整理）

隔久没走栗木街，忘记那双绣花鞋；
鞋子做了十八载，几时才做嫁妆抬？

老人家，红薯捞着芋头炸；
你是老牛啃老草，我是竹笋才爆芽。

妹仔家，这句话语讲得差；
等你出嫁生了崽，花落路旁受践踏。

源头岭顶种莵竹，问妹在屋不在屋？
妹你在屋哥进去，无茶喝水也舒服。

源头岭顶种莵瓜，哥不嫌弃就来爬；
要来就要来得早，莫让藤子开虚花。

大山大岭大步头，一家养女百家求；
妹娘不要嫌弃我，哪个年轻不风流？

糙米熬酒酒才多，不嫌家穷就嫁哥；
穷人自有穷人好，晚上睡觉睡得着。

三个砖头砌个灶，妹不嫌穷就来交；
等哥日后走人运，办起歌堂熬通宵。

最甜还是鹧鸪汤，最好还是路遇双；
扛把花伞前头过，哥好下套连凤凰。

昨日来到大河边，阿妹等哥大半天；
阿妹等哥哥不到，眼泪落水水冒烟。

阿哥心思有点偏，喊他挖藕他撬莲；
哪点不合你的意，害得妹心总蒙冤。

八月十五是中秋，有人欢喜有人愁；
有人给妹送月饼，有人给妹送芋头。

这山看过那山蒙，那山有蔸八角桐；
妹在树下捡桐子，问妹路同是心同。

送妹送到五里田，常年四季水涟涟；
哥想一心送妹去，又怕别人多嫌言。

送哥送到五里坡，再送五里不为多；
路上有人盘问我，就说表妹送表哥。

大河中间有个塔，哥撑竹排过山峡；
只想这塔就是妹，哥心想妹放光华。

砍柴要砍布箐箕[①]，连双莫讲矮高低；
食指伸出有长短，竹笋出土有弯直。

（讲唱人：唐金秀，女，瑶族，栗木镇大合村人。）

---

① 布箐箕：一种树木。

3. 连双要连两姊妹

（栗木镇田日润讲唱，田明月搜集整理）

砍柴要砍竹子柴，竹子烧火爆出来；
连双要连两姊妹，姐姐嫌弃妹妹来。

辣椒种在苦瓜根，又辣又苦又难吞；
只怪那时妹瞎眼，连个傻瓜好费神。

妹在街头卖辣椒，哥在街尾卖蜜桃；
何不我俩合伙卖，两人来去一担挑。

哥在长街卖锅烧，妹在长街卖油条；
何不我俩搭伙卖，免得人把价钱敲。

上山砍柴不用刀，左一扳来右一摇；
脑筋灵活不用讲，眉毛一动就来交。

大庙里头有观音，还有鱼来睁眼睛；
阿哥若是人知趣，佛门之地莫偷情。

死的死来生的生，种菜又遇旱年成；
连双又遇妹心硬，烧炭又遇炭窑崩。

安乐山上有只鹰，对着妹屋叫一声；
你有神气你就叫，嘴叫出血妹不应。

牛岩门口有块田，哥去种了十八年；
哥等阿妹二十岁，好难熬过这两年。

妹在田里捉泥鳅，捉好捉好又挨溜；
哥想过来帮帮妹，捞衣扎裤又怕羞。

半夜失眠半夜愁，半夜不眠眼泪流；
妹不想钱不想米，想哥和妹共枕头。

妹娘生妹白飘飘，好比白鹅打水漂，
好比天上白云朵，想妹一朝又一朝。

妹娘生妹像朵花，哥想去拿不敢拿；
若是哪个帮哥讲，谢媒两个大糖粑。

螺蛳沤在湴泥田，没能开心几多年；
望哥路过下水捡，养在缸里得团圆。

螺蛳生在水中间，日见河沙夜见船；
难见情人河边过，难见情哥找妹连。

家里无地多开荒，家里无米多种粮；
家里无嫂来找妹，劝哥年大莫心慌。

一把蒲扇两面风，一面西来一面东；
东成西就哥和妹，苦瓜搭来苦竹棚。

种竹不怕心头空，结交不怕眼前穷；
拿个红薯各一半，吃得甜味比蜜浓。

三月竹笋根根尖，哥家贫穷妹不嫌；
总要勤快和本分，甘草进嘴比蔗甜。

鱼在水里就怕钩，玉在房间就怕偷；
妹怕阿哥连别个，深夜不眠在担忧。

4. 连双好比捡田螺

（栗木镇田日润、汪月秀讲唱，田明月整理）

夜了天，夜了屋边出火烟；
有嫂那家饭熟了，无嫂那家火没燃。

夜了天，夜了蚂蜗叫连连；
有夫那家吃饭了，无夫还在看秧田。

夜了天，夜了日头落西边；
日头落西收工了，哥是单身没挂牵。

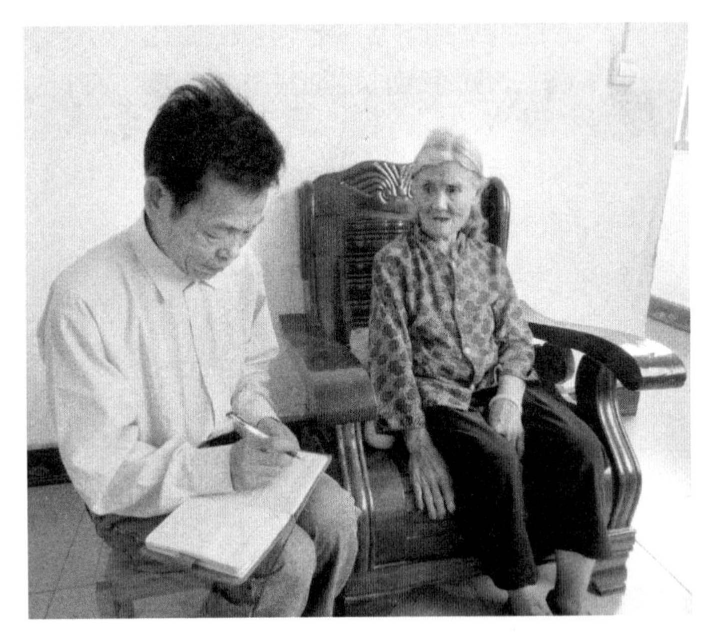

田明月记录栗木镇大合村老歌手汪月秀讲唱山歌 / 莫纪德 摄

夜了天，夜了蚊子闹喧喧；
蚊子你叫叫你死，莫在妹前讨卵嫌。

到了屋边不唱歌，家家户户有姣娥；
若给姣娥听到了，都来骂你风流哥。

到了屋边莫唱歌，别人会骂嘴巴多；
骂你嘴巴起大泡，痛你三天眼泪落。

妹心多，连双好比捡田螺；
捡得一个丢一个，不知哪个有肉多。

出门望过那边山，那边山上有蔸兰；
哥想去摘山又陡，你讲不摘心不安。

上也难来下也难，上上下下都心烦；
船到江中漏了水，把人急倒好为难。

养猫就得要个碗，养马就得要个鞍；
人间男女要配对，不然妹我早选单。

撒灰就怕吹大风，撒网就怕大水冲；
谈情就怕心作假，半途丢了白费工。

一蔸辣椒杈对杈，阿妹不知对哪家；
要是对个无情汉，一生一世就白搭。

哥想通，妹不连哥是哥穷；
地枯难把甘蔗种，河小难得藏蛟龙。

5. 想请阿妹到哥家

（栗木镇大合村汪月秀讲唱，田明月搜集整理）

买把梳子六寸长，妹娘生妹样样强；
妹娘生妹样样好，好比一朵牡丹香。

昨夜涨水水汪汪，推倒好多岸边杨；
杨柳推去不要紧，千祈莫推妹衣裳。

赶着牛牯到山场，牛牯爱吃白芭芒；
拴着牛牯慢慢咬，妹好安心去会郎。

养羊最怕羊牯骚，养牛最怕牛起膘；
连双最怕妹娘骂，还怕妹爷烟筒敲。

深山溪水往外流，流过禾田灌禾蔸；
江水走妹门前过，巴望妹来开小沟。

油菜开花金子黄，妹妹难把情哥忘；
摘把菜花圈头上，比人戴金还风光。

蓑衣雨帽情依依，从新到旧不分离；
人间为它配情爱，难怪它们会珍惜。

芋头田里种生姜，真是一行归一行；
别人老公别人爱，癞子头上也有光。

老鼠打洞为偷吃，翠鸟打洞为家室；
人为建家人为爱，几多事情是靠逼。

打个钓钩去钓鱼，妹娘骂哥是多余；
哥是多余哥就走，留你妹子养寡猪。

炒碗黄豆喝油茶，想请阿妹到哥家；
一碗水里打谜子，妹不嫌穷没办法。

摘把汉菜来打汤，阿哥要和妹连双；
吃了汉菜红进肚，好让心里有主张。

妹在屋前种南瓜，就是不会把棚搭；
哪个阿哥有缘分，帮帮阿妹好进家。

不讲过去讲眼前，阿哥只想和妹连；
做多做少无所谓，强强旺旺是本钱。

要是和哥有姻缘，不怕等到哪一年；
等到八十还没死，取根棍子也靠边。

烧炭郎，黑不溜秋进市场；
一天卖了两担炭，买了几件花衣裳。

烧炭娃，脸板墨黑也没法；
人家诚实不怕苦，爬山爬岭都为家。

妹真乖，好多秘密你会猜；
哥的花运你算准，莫是观音又投胎。

上山路上弯又弯，山路总是不一般；
山路野花开满地，没有哪个来阻拦。

冬季里来冬季天，冬季灰窑冒大烟；
一窑石灰一年计，阿哥勤快不得闲。

山中野花没人管，哥想摘朵也不难；
就怕月季花生刺，还没得摸手挨缠。

哥大胆，后园围墙敢去攀；
后园石榴敢摘下，最好莫要惹麻烦。

妹大胆，锅耳烂了你敢端；
锅里豆子你敢炒，最好莫去见县官。

大河有水小河满，阿妹有情哥心宽；
妹有情来哥有意，好比有了定心丸。

莫怪爷来莫怪娘，莫怪生得像骚羊；
骚羊也有它的好，老虎见了像发狂。

莫怪爹来莫怪妈，莫怪爹妈没教他；
虽然出门别人恼，妹反把他看成花。

仙娘出门靠打卦，小姐出门靠绣花；
阿哥出门靠运气，只想喜鹊叫喳喳。

6. 老秧扯到湴田插

（栗木镇大合村汪月秀讲唱，田明月搜集整理）

春季里来春季天，春季多是雨连连；
说妹出门记着伞，同样把哥记心间。

夏季里来夏季天，夏季野花最新鲜；
说哥莫把野花采，阿妹还在等哥连。

秋季里来秋季天，秋季谷黄在田间；
哥家有粮挑去卖，细水长流有活钱。

上园韭菜下园葱，最恨葱是心头空；
最恨阿哥无情意，养大鸡崽就丢笼。

扯了萝卜留个坑，烧了香纸留烛灯；
离了还留当年话，打脱门牙自己吞。

妹想嫁人就嫁人，从此我俩断交情，
过路只能偷偷看，讲话听出弦外音。

搞得差，萝卜变了满月花；
丈大姑娘不出嫁，如今变了老妈妈。

搞得刷，老秧扯到湴田插；
还没转青就栾茎[1]，结出谷子米也差。

妹搓麻，搓到夜深眼睛花；
打开厢门偷偷看，暗示阿哥把墙爬。

妹去江边翻石头，头也勾来背也勾；
螃蟹躲在石头里，举着钳子耍威风。

门前江水响哗哗，妹想过江把裤扎；
旁边有人哥装傻，不敢背妹不敢拉。

妹讲妹你还年轻，脸像萝卜起网筋；
不像当年十八岁，白里透红像观音。

哥在田里打早工，云雾遮得黑蒙蒙；
妹想帮哥送饭去，隔江隔水路不通。

四齿挂耙扛在肩，阿妈莫骂妹发癫；
哥在那边刮田草，找个理由好挨边。

挑水上山去淋花，偏偏遇着是妹妈；
为何遇妈不遇妹，哥的时运就那差。

油嘴滑舌妹心烦，世上哪有这种男？
里一套来外一套，手拿棉弓瞎扯淡。

① 栾茎：方言，开花结子。

银耳环，这对耳环不一般；
左边是哥右是妹，戴到阴间也不散。

银手镯，妹戴手上好适合；
妹讲适合哥就买，戴上百年莫给落。

天上岩鹰好眼睛，想来抓鸡不作声；
落在村前桐子树，鸡肥鸡瘦都看清。

扯了萝卜留着坑，烧了纸钱留烛灯；
好了伤疤还留痕，情伤苦酒最难吞。

手拿镜子照容颜，一年真不同一年；
好比三月菜花柳，老在菜园不抵钱。

芭蕉开花捧个心，我俩连双表个情；
要连就要连到死，一个棺材住两人。

妹想多，妹想薯藤爬过坡；
妹想薯藤爬过岭，牵连毛路把郎拖。

风吹竹园响沙沙，顶头鸟崽不怕吓；
几多大风都见过，小风小雨怕什么？

天上落雨落西东，妹是龙婆遇龙公；
龙婆跟着龙公走，落下雨来才集中。

门前江水白飘飘，阿哥撑渡好逍遥；
妹想和哥跌下水，好要情哥搂妹腰。

龙生龙来凤生凤，老鼠生崽会打洞；
妹娘生出绣花女，送块大田不会种。

七月七仙出天门，天上人间爱情深；
鹊桥架在银河上，夫妻相会泪纷纷。

手拿笔墨画菊花，画得再好不得插；
画得再好是张纸，不如媒婆快嘴巴。

糯米打粉做成粑，木耳香菇炒干虾；
妹家粑粑味道好，只能得见不得拿。

手拿豆腐四四方，深更半夜妹磨浆；
半夜熬到大天亮，还不达早嫁个郎。

妹仔乖，聪明赛过祝英台；
只是英台寿命短，红颜薄命好悲哀。

腊肉腊得恁门香，多熏柴火加老糠；
哪时问妹讨两块，借花献佛待老娘。

种田郎，春来犁田又插秧；
苦到螺蛳呗[①]下崽，才得六月谷子黄。

① 呗：方言，不。

种田郎，苦做苦吃有余粮；
兵荒马乱也不怕，灾难年成也不慌。

嫁情郎，嫁个农民样样强；
田里种出百样菜，楼上放有百担粮。

这个妹仔好贤良，围裙扎腰下厨房；
冬瓜煮成班鱼片，油茶熬成老鸡汤。

纸扎灯笼没有光，纸画姣娥没有肠；
泥塑菩萨没有肺，还没交情先思量。

半夜鸡公叫连连，叫生叫死叫人嫌；
妹为想哥没睡好，死鸡又来扰睡眠。

地上种瓜田种谷，有了收成起大屋；
起屋为了讨个妹，成了家来心知足。

高粱稔子来煮粥，哥你得吃有口福；
磨了高粱磨稔子，一天痛断妹肋骨。

江边扛树打个桩，让妹洗衣好稳当；
生怕妹你跌下水，生怕妹去嫁龙王。

廊檐下面亮光光，时时哥来敲妹窗；
天天半夜人入睡，夜猫捉鼠不声张。

送哥难，送哥回去眼泪含；
爷娘怎不成全妹，筷子落水两孤单。

送妹难，送妹回屋想不完；
妹娘为何那古板，连情路上种刺拦。

妹莫管，管他杨梅酸不酸；
管你爷娘怎么讲，汤圆熟了装进盘。

买马用来自己骑，买牛用来自己犁；
夫妻是好还是丑，不关你事就莫提。

日头无火也赖[1]人，话中无刀也伤心；
劝哥讲话多想想，免得连双伤了情。

不戴金来不戴银，带把雨伞就出行；
遇哥淋雨好有挡，挡着阿哥连着情。

算盘打数响哒哒，问妹加法是减法；
妹要减法哥不算，妹要加法哥来扒。

① 赖：方言，热。

7. 我俩连双不用媒

（栗木镇曾丙秀讲唱，田明月搜集整理）

过年杀猪去请客，请舅请叔请伯伯；
几时哥能请来妹，吃个栾猪[①]也值得。

杀猪过年接满姑，接姨接娘接姑父；
几时接得情哥到，喝着泡汤[②]才舒服。

挑担猪笼买猪花，问妹猪婆在哪家？
哥要到她家里要，免得旁人讲七八。

阿哥熬酒四处香，村头开个大酒坊；
酒坊酒糟妹要定，哥要八字妹要双。

芝麻晒开不用槌，我俩连双不用媒；
好话不要过多讲，一个暗号知来回。

举旗不怕风来吹，撑船不怕水来推；
只要我俩有情意，人生路上慢慢陪。

九月韭菜一条心，久久伴妹往前行；
说妹莫走回头路，不能随便抛了情。

① 栾猪：方言，指整只猪。
② 泡汤：方言，指新煮的瘦肉、猪肝、粉肠等。

有人讲哥好笨差，种了桃树不开花；
莫是种变无花果，有花拿来暗催芽。

人讲小妹话好多，板路又长又啰唆；
天天提起情郎讲，一天不讲睡不着。

妹是哥的情人花，瓜子脸儿长头发；
和哥同走长街过，十人见了九人夸。

哥老辣，好比寄生别树爬；
男人应该靠自己，为啥生活靠人家？

妹老辣，妹是树上老乌鸦；
吃过好多嫩鸡崽，点下豆种也去扒。

哥你眼睛有点黄，出门爱看满姑娘；
要给她夫晓得了，拿棒来撵黄鼠狼。

门口荷塘鲤鱼多，待哥拿起捞绞撮；
撮到哪样要哪样，连到哪个要哪个。

禾里撒灰去耘田，泥鳅抬头好可怜；
泥鳅喝了石灰水，妹也跟着泪涟涟。

阿哥种李妹种桃，两人种到半山腰；
可惜隔条山溪水，说哥快架杉木桥。

风吹云雾向南飞，为何不是向东吹？
妹在东边等哥到，日头晒得好吃亏。

大山里头有蔸梅，花开不见喜鹊飞；
只叹好花生错地，瑶山妹子总是亏。

妹背背篓岭上爬，问妹摘果是摘花；
妹你摘花哥跟去，莫给别人把手插。

灯盏无油烧灯芯，哥你像个什么人？
半盏灯油买不起，油嘴滑舌还多情。

打牌打得晕沉沉，差点撞坏半边门；
嫁人莫要嫁赌鬼，输钱如同饿马奔。

昨日上街买壶酒，今日上街买壶油；
家穷家苦妹烦厌，只有汗流泪不流。

妹苗条，走路好比柳絮飘；
生得一副瓜子脸，脸色如同四月桃。

想哥想到五更天，泪水模糊妹容颜；
问哥长夜怎样过？妹熬一天胜一年。

妹的眼泪实在浅，好比春头雨绵绵；
看见哥苦暗落泪，这种姑娘才算贤。

苦瓜种在苦树蔸，常年四季苦悠悠；
哥苦苦死都不怕，怕妹三十就白头。

对门岭边冒火烟，人家烧瓦又烧砖；
人家弄钱哥莫管，财富多少在于天。

湴田里面翻泥鳅，越翻越深越难扣；
翻得三尺鱼不见，不知又向哪方溜。

端午去割黄茅叶，妹怕阿哥踩着蛇；
哥你进山慢慢走，妹在等哥来料节[①]。

月亮出来像个球，劝妹莫为情发愁；
等到月亮落了岭，哥去找妹解心忧。

半夜约妹脚步轻，忍着打屁忍着声；
要是给人来发现，不是断脚就断筋。

桐子树下黑溜溜，连双就在这里偷；
偷情不是在学坏，心血来潮先应酬。

一块石板架过沟，架得一秋算一秋；
走得一转算一转，石板断了两节丢。

① 料节：当地俗语，指女婿在节日给岳父赠送礼品。

阿妹来到小源河，看见情哥在养鹅；
妹想过去又好怕，怕那东西对妹恶。

火烧荒山一地灰，损了花木找谁陪？
伤了妹心找谁管！只有自责眼泪推。

空心竹子空心柴，竹子烧火自裂开；
竹子烧去自流泪，叹息这世投错胎。

天再旱，也没看过鱼上山；
从没见过哥正怪，见妹出门讲心酸。

白手巾，洗得干净还蛮新；
妹妹只要多打扮，桃红花色几年轻。

日头落岭西边黄，阿哥还在田里忙；
忙到回家摸黑路，是否撞上夜凤凰。

后龙山上种刺梨，又甲[1]又苦又难吃；
昨日路上捡个妹，今天一早又分离。

高山起火风又来，烧得树木如炭柴；
火烧荒山郎莫管，为妹平安就离开。

① 甲：方言，涩。

江边有石就踩石，江边无石踩湴泥；
别人有妹就陪妹，哥今无妹枉着急。

哥是乌龟老王八，成天迷在水中爬；
不懂人生情和爱，真是拿他没办法。

铜嘴铁脚猫头鹰，眼睛鼓鼓好吓人；
哥像一只猫头鸟，对着鸡崽狠了心。

妹伤心，出世守寡到如今；
年龄到了二十岁，还没来人相过亲。

妹心酸，五月上了杨梅山；
媒婆来把八字退，几多事情想不完。

桐子开花把子长，哪有外甥爱姨娘；
世上女人通通死，也没搞得那荒唐。

村边山脚有个庙，夜里静来日里嘈；
庙里观音多灵巧，望见哥来把手摇。

门板当船少个框，妹屋少人把家当；
哪个能管妹家事，聘做掌门再成双。

槨篙腊肉靠烟熏，田间禾苗靠耙耘；
妹靠情哥说好话，好话一句暖三春。

哪有山高高过天，哪有海宽宽到边？
世事都有头和尾，有头有尾把双连。

大海里头跌颗针，哥你几次伤妹心；
针落海底捞不起，阿哥唯有另连人。

（讲唱人：曾丙秀，女，瑶族，栗木镇大合村人，已病故。）

8. 河里涨水水推柴

（栗木镇曾丙秀讲唱，田明月搜集整理）

石板上面画葫芦，各人自有各人福；
妹你享福哥会给，只给笑来不给哭。

福气有时运不衰，讨个老婆带个崽；
管他是好还是丑，一举两得一起来。

风流哥，边吹笛子边过河；
手中笛子落水里，看你是哭还是乐。

妹嘴宽，妹嘴生得不一般；
能把石头讲出火，能把龙王讲进庵。

白菜白，妹不来连也可得[①]；
看你在家养老女，矮脚白菜变黄色。

① 可得：方言，可以。

青菜青，妹是十八还年轻；
在家要到六十岁，看哥相亲不相亲？

茅草盖屋易得朽，甘蔗围园易得偷；
热酒待客易得醉，瑶山女子易得求。

花生叶子夜关门，妹想丢哥万不能；
当初落难是哥救，如今忘情又忘恩。

这个凉亭久不来，门前石板起青苔；
以前和妹平排坐，常常讲起祝英台。

塘干鱼死藕还生，大灾大难妹还跟；
将就八字将就命，生生死死不分离。

小孩哭赖是哄糖，阿哥傻笑是哄双；
早知浮云没有雨，还想烧香哄龙王。

六月日子日头辣，就怕晒蔫那朵花；
说妹白天坐家里，夜晚上地把草刮。

鸟崽岭上有个亭，半岭转弯有妖精；
妹你要去实乐耍，阿哥陪你才放心。

门前大路直溜溜，妹家住在新塘州；
若是情哥来找妹，妹画暗记在桥头。

扯断红纱丢沙洲，哥你莫骂妹风流；
哪个不恋红尘路，除非是块死木头。

上宅门口有湴田，常年四季水涟涟；
好想讨田来种藕，又得荷花又得莲。

人家有钱几威风，买这买那手头松；
无钱莫将他人比，低头不见装耳聋。

大合西边是栗木，老街老房老建筑；
妹在老街开火铺，哥你常来住一宿。

河里涨水水推柴，今早阿妹找起来；
妹要下河捞柴火，找哥帮妹撑鸟排。

上五排来下五排，观音[①]妹仔生得乖；
观音妹仔生得好，就像观音坐莲台。

小小谷子两头尖，多放二年会变坏；
一年便宜一年贵，老谷老米不抵钱。

庙仔岭头有朵云，道士弄法黑沉沉；
想要落雨蛮容易，想连阿妹万不能。

① 观音：因山形酷似观音而给村子命的名。民国三十二年（1943）设乡，因驻所设在该村，取名观音乡。该乡旧称平川（栗木河）源，明嘉靖九年（1530）实行排瑶制，上源称上五排，下源称下五排，外称“五排瑶”。

想吃杨梅就上山，想吃鱼崽就下滩；
想吃蜜糖就来取，莫怕蜜蜂屁股缠。

敲锣打鼓响咚咚，妹讲天上响雷公；
妹听雷声没下雨，一夜吓得把头蒙。

日头跌岭西边阴，东边又在出星星；
哥要反心由你反，妹也不愁另连人。

酒坛里头装麻雀，随你飞来随你落；
随你落到哪家去，始终还在这个窝。

隔江看见鱼浮头，大摇大摆水中游；
晓得无桥过不去，故意对哥耍风流。

对岸蚂蜗叫呱呱，成夜叫夜莫理它；
不懂情意光会喊，真是一个大傻瓜。

竹尾摇摇鸟难落，禾苗晃晃刀难割；
嘴巴一套心一套，还有一套是媒婆。

哥是灯芯妹是油，我俩连情到白头；
灯芯无油难点火，油无灯芯是白留。

甘蔗种来苦瓜园，又有苦来又有甜；
生活就是这个样，妹不嫌苦就来连。

豆腐做成靠磨浆，柿饼晒成靠上霜；
恋爱谈成靠实话，夫妻日子才保障。

西边落雨东边晴，南边起风北边沉；
管它起风是落雨，听过几多波涛声。

砍柴郎，根根砍得一样长；
担担砍得好齐整，卖柴感动妹爷娘。

满姑娘，齐麻搓线夜夜忙；
起早贪黑打鞋子，妹要嫁人备嫁妆。

种园麻，妹来剥皮哥来刮；
到时园麻搓成线，做鞋长扯慢来拉。

养牛养到大牛坪，这个地方好阴沉；
想哥现在来找妹，这个时间最真情。

江边水碓天天舂，没有一天有空工；
本想和哥见一眼，思来想去都落空。

花生种籽禾插秧，不懂道理莫连双；
莲藕吃根笋吃尾，连情就要好心肠。

生鸡公，枉费冠子红彤彤；
鸡婆跟你不下蛋，鸭婆跟你蛋壳空。

寡鸡婆，成天赖抱叫蝈蝈，
一窝蛋子都抱寡，看你名堂多不多？

三两生铁打镰刀，送给客姑割草烧；
刀把都是岔子树，哥费心思凑得牢。

打广[①]烧灰在山头，装起火药妹担忧；
妹怕情哥挨炸死，哥死妹的饭菜馊。

想死妹，腰胀就想重手捶；
肚胀就想黄连水，心空就想哥来陪。

日头落岭西边黄，田基蚂蜗叫呱呱；
蚂蜗蚂蜗你莫叫，哥无嫂伴好凄凉。

雨落鱼塘藕叶挡，鲤鱼得遮又得藏；
阿哥有心当把伞，护着阿妹喜洋洋。

桐子花开阴冷天，正是播谷翻老田；
早中晚来烧灶火，给哥哄得暖和先。

黄鳝黄，黄鳝像蛇吓晕娘；
想讨哥的鱼夹子，夹给妹来熬补汤。

① 打广：方言，用钎锤取石灰岩以烧石灰。

田明月在整理山歌 / 莫纪德 摄

耳朵发赖有点慌，心里不安好紧张；
莫是阿哥变了卦，瞒着阿妹另连双。

磨出豆腐有豆渣，妹会打算会当家；
磨了三年水豆腐，穿金戴银别玉钗。

日头落西牛归栏，又到夜边人心烦；
夜长梦多好难过，床头无醋心也酸。

一担箩筐挑在肩，这对箩筐脱了圈；
一只哥来一只妹，配好一对两团圆。

冬天无风会起霜，妹怕冷来心莫慌；
无炭还可烧柴火，烧炉柴蔸暖心房。

挖个火炉四四方，火炉挖好在厨房；
早晨起早妹淘米，哥来烧火样样帮。

猫崽天天睡灶头，给人不防又偷油；
这个猫崽不中用，不知我郎为钱愁。

买担水桶油桐油，等妹过门挑肩头；
等妹来挑新娘水，新娘挑水水长流。

房里挂个八卦钟，哥你还说家里穷；
哥说哥穷妹不信，对妹还是心不忠。

妹姑娘，四月插田怕蚂蟥；
裤脚捞上大巴腿，哥哥哪敢拢身旁。

韭菜青，割把韭菜炒粑心；
二月初一哥接妹，长长久久不丢情。

背上鱼鼎去耘田，灰水鱼崽放油煎；
鱼香就防饿猫崽，天天偷把锅盖掀。

火镰打火棉纸烧，我俩说好才结交；
莫像无水揣糯粉，刚刚起头就糟糕。

9. 催妹连情要快些

（栗木镇曾丙秀讲唱，田明月搜集整理）

挖蔸荆竹做烟筒，当作礼信送老公；
别人送鞋又送帽，我送白云飘心中。

人讲老虎像个猫，凤凰有些像老雕；
这种说法真不对，善恶不分全弄糟。

常说人嘴两块皮，说起话来没高低；
谈情说爱莫乱讲，一句丑话悔恨迟。

麻雀鸟崽扒楼梁，等着机会钻谷仓；
妹家谷仓锁铜锁，还有铁壁把盗防。

一箩谷子半箩糠，半糠半米同担装；
爱情两半来凑拢，这样才是叫连双。

蚂蚱爱住茅草坡，惊蛰过后爱唱歌；
蚂蚱唱歌为结伴，阿妹唱歌为连哥。

桃子落花李子结，过了二月又三月；
过了六月年一半，月亮还是半边缺。

买来笔墨把信写，催妹连情要快些；
要学竹箕溜黄豆，上头一空脚底接。

粪箕装粪又装秧，插田遇上好时光；
今年哥的运气好，谷子赛过金子黄。

哥你讲话妹呗忘，你说细水流得长；
如今为何断了水，妹滴眼泪润枯江？

说得再好不如唱，摇得再好不如扬；
写得再好不如做，如同马屎外面光。

妹想选哥做情郎，还要问爷又问娘；
还找媒婆来牵线，还约亲朋共商量。

英台爱死梁山伯，生死要连山伯哥；
世间一对生死恋，死做蝴蝶应承诺。

花生爆芽两瓣开，敢顶硬泥掀瓦盖；
爱情若是这样硬，法海难阻妹嫁来。

黄金戒指妹莫摘，一心一意莫想歪；
妹戴戒指戴一个，金银戴多总会挨。

鸭子不怕冬水凉，爱水爱河爱深塘；
今生妹把哥来爱，爱到天昏地茫茫。

万丈崖壁本是惊，人被伤情就死心；
劝人入世想开点，活着就是求太平。

打把锅铲炒辣椒，加把柴禾把锅烧；
莫到辣椒辣出泪，锅铲断折看菜焦。

我俩连双连到老，青丝白发慢逍遥；
等到日头要跌岭[①]，两老出门把肩邀。

妹背驼，别人嫌弃就嫁哥；
哥今修好阴功路，来世我俩又结合。

哥去栗木买茶油，走过街尾走街头；
哥买茶油借个口，心想连妹找理由。

摘了茶籽榨茶油，选好茶油擦妹头；
头发打油光光亮，路过人前把香留。

茶籽茶，茶树开着隔年花；
茶花更比玉兰美，路过茶林就想她。

想得甜，没过三月又想年；
娃崽想年吃巴腿[②]，阿妹想年洞房圆。

①跌岭：方言，指太阳落山。

②巴腿：方言，即鸡（鸭）腿。

想得美，鹭鸶想把鲤鱼追；
鹭鸶追鱼是瞎跑，枉跟渔夫早晚归。

腊月落雪路上滑，脚也麻来手也垮；
阿哥怕妹敌不起，特意丢工来护花。

送妹送到矮岭头，古人分界把碑留；
我俩界前来分手，擦肿眼皮遮泪流。

妹背背篓到半山，忘记带水喉咙干；
哪个给妹一口水，妹就给他一世欢。

井水无风哪正凉，白花无色哪正香？
妹娘生妹哪正好？容颜好比武媚娘。

砍筒樟树雕菩萨，妹你快来把鸡杀；
妹你生来八字好，菩萨雕好来保家。

屋后竹园三亩三，妹家竹园有恁宽；
可惜这些老竹子，年年还是单对单。

粗布鞋底细布边，绣对鸳鸯在鞋尖；
放根头发在里面，哥穿鞋子有妹连。

哥你总讲有缘分，天天见妹不喊声；
有时妹妹想开口，话到嘴边又暂停。

红薯苗苗爬过基，哥的心思妹不知；
要是妹懂哥心意，早就做了哥的妻。

出门讲话要看天，看看风向往哪偏。
看看妹娘那副脸，看看是朝哪一边。

抬头望见天鹅飞，天鹅飞去不飞回；
望着远去就流泪，问郎离去几时归？

八角煮菜喷喷香，煮鱼还得捞生姜；
一门还属一门管，要找妹仔先找娘。

养蜂种蔗是为糖，养儿养女都为双；
哪个不想儿婚配，哪个不望女嫁郎？

二月初二龙抬头，最好莫要去沙洲；
这个龙王心里坏，想占便宜找理由。

昨日路过尼姑庵，那里尼姑心不安；
虽然断了红尘路，还是不愿在打单。

做人莫要太死板，要像月亮生得栾；
月亮光明行天下，光明磊落天地宽。

盼天晴，天晴妹妹洗衣巾；
刚刚洗好又下雨，到底得罪哪方神？

妹的运气有点差，买双鞋子又脱纱；
今早和哥赌下气，马上有人来连他。

山顶打锣四处听，苗条女子远名声；
好比天山灵芝草，山高路陡人动心。

铁匠打铁全靠捶，姑娘开心全靠陪；
二胡拉腔全靠扯，鸡婆下蛋全靠追。

门前红联对连对，我俩有情杯对杯；
等到洞房花烛夜，喜酒交杯醉一回。

门口大路是哥修，又架石桥又挖沟；
大路好走妹多走，走了千回又千秋。

借把锄头挖蔸竹，种在后山相思谷；
种在后山相思岭，记着都是借的锄。

相思岭上种丝瓜，都是开着相思花；
都是结着相思果，相思的人在哪家？

想哥想出一身病，睡在床上不安宁；
若得情哥见一面，两眼一合情就分。

绵纸做伞桐油油，撑伞出门把妹求；
若是遇上落暴雨，天赐良缘有来头。

妹娘骂妹不守规，半夜常把房门推；
妹说天凉多小便，顺便去撵夜鸟飞。

昨夜哥来敲妹窗，妹说有只黄鼠狼；
他想扒鸡又胆小，狗崽一叫跳了墙。

葛麻藤子两丈长，牵过沟边连小塘；
要连连到妹门口，一直牵到妹闺房。

半夜偷偷去看双，吓得蚂蜗跳下塘；
妹妈点盏照笼火，哪个偷鱼恁嚣张。

哥娘骂哥那浪荡，三日两头找姑娘；
半夜还在树下坐，搞得樟树翻了黄。

今早见妹脸发红，正和蛋鸡脸相同；
又像三月桃花样，可能昨夜遇春风。

开块荒地种苞谷，还没长米先出胡；
妹没过门肚拐翘，明明就是哥的福。

妹的脑筋实在差，南蛇讲是牛尾巴；
哄得人家跑去扯，哄得人家跑去拉。

十七十八正好耍，讨厌媒婆嘴巴瓜；
若是媒婆不劝妹，还是刚开一朵花。

别人银子白花花，哥家大米也不差；
灾荒年成比一比，只有大米能养家。

上山砍柴无水喝，渴得无奈唱山歌；
妹莫骂哥骚公子，哥莫骂妹利辣婆。

枞树枝头落斑鸠，望着割草妹来啼；
百鸟也有好色鬼，阿哥算是蛮老实。

砍个犁拱弯又弯，斗个犁脚五寸宽；
哥是有名土木匠，妹想请工供三餐。

扛把鸟炮打野猫，不放铁砂只放硝；
他为偷吃才冒险，相互体谅莫弄糟。

10. 连双要连瑶家妹

（栗木镇大合村田文佑讲唱，田明月搜集整理）

竹心空，砍竹好做吹火筒；
给妹过门好吹火，竹疙多了哥钻通。

村前见妹笑哈哈，问妹无事笑什么？
原来树上喜鹊叫，喜鹊树上在叮花。

绫罗绸缎做件袍，这妹穿上好苗条；
哥讲她像七仙女，别人讲她是个妖。

那年许愿在南山，猪头一个酒一坛；
许愿不灵走了妹，这个愿望谁能还？

日头出来一点红，我和妹妹好相同；
心同不能在一起，道理有点讲不通。

砍柴烧炭要砍枫，烧得结实火又烘[①]；
连双要连瑶古妹，生得一脸瓜子红。

送妹一个玉手圈，定下真情一百年；
过了百年成古董，上了香火叫祖先。

屋外打闪好吓人，妹我不敢独自行；
妹是天生胆小鬼，谁来陪妹又连情？

谈情说爱好开心，莫要闷头自伤情；
人在世间有几久，又有几年是年轻？

田里芋头崽崽多，围在旁边一大窝；
赖拐[②]婆娘生好崽，生出好崽坐骆驼。

① 烘：方言，指热量大，暖和，喻指做事顺、走运。
② 赖拐：方言，指做事差劲或样子丑。

田埂弯弯像条龙，田里种蒜又种葱；
吃葱人家香了嘴，切葱之人眼呛红。

挑担谷子到平乐，还没到街妹撞泼；
哥要找妹来论理，不赔谷子赔老婆。

萝卜种来茹菜田，我俩注定有姻缘；
萝卜茹菜夹倒种，我俩生成也自然。

桐油点灯要个锅，我俩连双要媒婆；
不要媒婆人爱讲，脸上无光黑点多。

补鞋匠，鞋底补在鞋面上；
补错妹鞋不要紧，补错别的要赔偿。

屠夫佬，天天杀猪起得早；
一把钎刀一把秤，吃吃喝喝丢了嫂。

妹姣娥，你捡河蚌我捡螺；
我俩捡得同锅煮，随便别人怎样说。

那年去到哥的家，伯母煎着荞麦粑；
手指一勾十年过，如今麦子又开花。

水红罗裙配蓝衫，七彩花边两边盘；
走路如同风摇柳，就像仙女来下凡。

烧块荒地撒油麻，油麻好做糯米粑；
油麻好泡麻蛋果，又能送妹做肚粑。

竹子开花命不长，枇杷开花叶翻黄；
妹我是个黄花女，哪有闲心去想郎。

老糠烧火一灶烟，难怪妹不拢哥边；
只因家贫无钱米，不怪妹你把哥嫌。

哥你莫把妹来哄，抓住你心不放松；
勾手打赌也没用，白纸黑字写合同。

妹的脑筋不正常，前生许配今世忘；
说过来生结为伴，讲过这辈连成双。

挖坨金子黄俅俅，哥你硬讲是你丢；
你讲你丢妹也信，还你金子把人留。

野鸡飞过对面河，正在妹田叮早禾；
还没成熟就来搞，好不容易到收割。

九根竹子做竹排，妹想过河就过来；
妹想连情就拢岸，岸上有花等着开。

买两银子打根簪，还有多余打耳环；
打个戒指和镯子，一两银子刚用完。

枯江起风就飞沙，蒙了好多石榴花；
年少时期爱情苦，为情为爱眼哭瞎。

挑担水桶到井边，吊井圆圆都向天；
井水越挑就越有，连情越连越新鲜。

妹是观音活菩萨，天天漂亮像莲花；
情哥一心想着妹，胡须长过妹头发。

哥是十九妹十八，我俩只隔一岁差；
要是有缘成婚配，南海观音也送花。

哥娘生哥那样癫，半夜拿来当白天；
莫是得了夜游病，经常去扒妹窗帘。

两块磨石一根心，你讲有情是无情？
有心铁砂磨成粉，何愁立业建家庭。

大庙里头有个人，生的秀气没有心；
阿哥虽然样子丑，丑得对妹有真情。

五月禾苗长满行，独生妹子想招郎；
妹想招郎哥也去，人在哪里都为双。

人间有个相思滩，也有一个断情山；
为人都知相思苦，也懂断情泪流干。

找坨熟铁打把钗，凑好把子放妹家；
哪个敢拦爱情路，不缺手指也缺牙。

我俩连情趁年轻，菜花爱嫩衣爱新；
再过几年人老了，老秧插田难转青。

下河撑船莫怕风，上山砍柴莫怕虫；
我俩连双莫怕骂，莫怕爷娘来咕哝。

妹娘养妹嘴巴多，讲了这个讲那个；
讲到四十人变老，别人讨来当家婆。

打烂沙罐赔砂锅，妹你总是来逼哥；
打死猫崽赔匹马，断情路上官司多。

大旱无水怎样过，大年无米怎样活？
大哥无嫂怎么伴，大海无风怎起波？

鸭子爱水爱深潭，天寒地冻水下欢；
阿哥爱情爱阿妹，龙嘴拔牙也闯关。

没得法，谷桶打谷靠力砸；
深塘螺蛳靠摸起，结交阿妹靠钱花。

讲你情哥信不信，时时把哥记在心；
不是今年才想你，十八年前想到今。

五更鸡公叫翻天，妹把油灯早点燃；
点燃油灯等天亮，半路等哥犁旱田。

哥妈生哥那样精，晓得阿妹这颗心；
娘在旁边用手比，爷在旁边眨眼睛。

桃花红了是开春，妹脸红了是痴情；
哪个若是来相配，保你两人心对心。

杨柳岸边把妹邀，捡块瓦渣打水漂；
故意等妹来开口，顺水推舟好结交。

妹脸红红胭脂擦，擦得通红像桃花；
这样打扮不当好，莫要糍粑打黄蜡。

11. 走烂草鞋不丢单

（栗木镇曾丙秀讲唱，田明月搜集整理）

哥在江头洗萝卜，妹在江尾洗衣服；
上游推来泥浆水，这回得妹把哥求。

点起灯笼挂堂前，未曾落雨打雷先；
未曾连双先贺喜，月亮总有一天圆。

马灯点火用手提，蜡烛点火把泪滴；
说妹莫点蜡烛火，我俩一世莫分离。

有情有爱要珍惜，莫像打球随时踢；
莫像跳绳随便甩，莫到最终后悔迟。

鱼吃杂草蛙吃虫，蚂蟥吃血情不容；
螺蛳吃泥哥莫管，只管自家莫心空。

苦瓜自有它不同，苦瓜老了心才红；
劝妹眼光看长远，哥穷不会一世穷。

灰窑起火冒大烟，雷公一响像崩天；
哥你性格像老虎，哪个还敢拢身边？

妹种苋菜莫种葱，葱子根根心里空；
你看碗里夹苋菜，连饭带汤都是红。

花生不榨不出油，蚂蜗不钓不昂头；
哥不出面妹不想，蚂蜗靠钓妹靠逗。

葵花结子密密麻，妹的心里好复杂；
你看和哥走一路，一脚歪来一脚滑。

今早火笑有客来，妹烧好茶等着筛；
等了半天客不到，好比病重头难抬。

和妹连双事未成，心里总是不爽神；
虽然妹仔到处有，唯有你我合得来。

青皮蚂蜗塘边浮，只露头来不露肚；
一生都在打浪荡，问你何处是归属？

月亮出来带朵云，哥想连妹万不能；
妹家还有哥嫂管，惹毛哥嫂事难成。

抓只野兔笼里关，望着兔子眼泪含；
哥你若把兔子放，妹我替它把情还。

斑鸠住在大树头，枝繁叶茂好造窝；
妹你住在山脚下，早晚门前等鸟落。

天上落雨又动雷，一天望哥几多回；
妹在谷坪晒谷子，望哥快来拢一堆。

打点口红哥讲差，假容假貌哄人家；
爷娘生妹什么样，素颜还是受人夸。

火烧竹子火星飞，吃亏还是妹吃亏；
烧了竹园还不算，一世情缘由妹陪。

买把大秤配个砣，请个菩萨配个钵；
人间都有阴阳配，好女才有好外婆。

送妹一山又一山，送过千重不觉难；
磨破脚板无所谓，走烂草鞋不丢单。

高山岭上种蔸葵，引来金鸡伴凤飞；
金鸡飞来叮瓜籽，凤来朝阳爱一回。

妹在湖南仙姑寨，天天望郎郎不来；
传话又怕人添醋，搭信又怕人打开。

人到四十皱纹添，哥要连妹早来连；
西瓜老了味道淡，竹笋老了不脆甜。

自从那年见了妹，三年又才见一回；
三年又才见一面，心里感觉好后悔。

别人和哥定了亲，妹这三年未安心；
只当情哥早已死，随哥化驴梦里行。

妹无情郎不要紧，解开衣扣放宽心；
只要妹你不嫌弃，有情有意来结亲。

送妹送到杨梅山，吃颗杨梅尝甜酸；
吃颗杨梅来分路，如同丢筷两头单。

送妹送到大峒田，正逢大旱快三年；
妹要帮哥来求雨，妹的姐姐是神仙。

实木秤杆定铜星，樟木雕像镀黄金；
哥哥和妹要适配，生活一世一条心。

一只天鹅掉队飞，迷失方向难得回；
劝哥莫要扛鸟炮，她若伤痛好吃亏。

白鸟落来门口田，不爱红鲤爱青鲢；
田边鸟崽为鱼死，鱼死还值一毛钱。

六月出门吹夜风，满天都飞萤火虫；
一闪一眨弄花眼，不知哥心西是东。

抬头望见七女星，大喊三声没回音；
大喊三声不见妹，只见星子眨眼睛。

妹做布鞋给哥穿，竹壳剪样旧布填；
填一层来又一块，鞋底跟线来牵连。

肚子痛得眼睛眯，哥叫妹去找草医；
妹不着急哥心疼，妹讲小事不着急。

天不平来地不平，没有一个知妹心；
好花插在牛粪上，夜夜流泪到天明。

自从和哥见一回，什么事情都倒霉；
养鱼又遇塘缺口，打铁又遇断大锤。

点燃松光去照鱼，今晚打雷岩鱼出；
哥见红鲤切莫管，它也出洞去连情。

笔架山上笔头尖，望妹一天又一天；
磨好墨水来写信，扯皮木叶当信笺。

石打黄狗打着鸡，扯鸡骂狗妹第一；
骂人好比打快板，哪个敢娶这种妻。

妹你莫把哥来夸，眉毛哪能比头发；
头发一年长三寸，百年眉毛没一胙①。

昨夜梦见凤朝阳，今早喜鹊催起床；
出门三步遇上妹，还有未来丈母娘。

打个纱帽戴上头，帽顶打个红石榴；
石榴是妹做标记，妹有情郎人莫逗。

天上星子伴月亮，地上情妹伴情郎；
北风吹来还伴雨，冬月无雪也结霜。

妹不想哥哥不愁，桃花不止那一蔸；
到了三月到处有，何必人前去强求。

---

①胙：借音字，古代计量法，拇指与食指打开为一胙，约五寸。

妹在江边洗罗裙，阿哥江边四处寻；
妹不连哥不要紧，妹不唱歌听鸟音。

不怕山高高过天，就怕阿妹不来连；
就怕阿妹连别个，二龙抢珠各半边。

毛竹量好就来裁，破篾编箩又织筛；
织好箩筐装大糯，打开房门等妹来。

从小和哥走小沟，跟着阿哥盘泥鳅；
哥说泥鳅好像妹，到了手上还要溜。

锯子就要齿路清，偏了一齿都不行；
连双要讲老实话，实实在在才真情。

妹在河边看水流，水去不能再回头；
若是情缘不把握，一丢不知几多秋？

两根长辫吊到腰，这个妹仔好俊俏；
这个妹仔生得好，就看眼角高不高？

交叉路口有块碑，这边走去那边回；
那夜天黑走错路，也算这世倒大霉。

赶羊赶过大石桥，连桥带水都惹骚；
连双莫连野妹仔，野妹完全是个妖。

芦竹笋子一盘乌，哪有小姨勾姐夫？
要是爷娘看见了，一把禾草烧床铺。

甘蔗好吃全是渣，海带好吃全是沙；
虽然阿哥外表好，内心不知好三八①。

老鼠偷吃跌进缸，这下看你狂不狂？
平日咬墙又翻瓦，这回看你还嚣张。

桐油点灯就怕风，灯下有人做手工；
灯下人把鸳鸯绣，熄了灯火就摸空。

山头起烟雾茫茫，看起看起心就慌；
原来山头有个庙，单身人家在烧香。

哥属老虎妹属羊，不管妹在哪一方；
我俩八字命注定，生生死死结成双。

妹是兔子哥是狼，狼抓兔子虽饿相；
兔子一溜钻进洞，看你还有卵名堂。

我俩初把爱情谈，万事还是开头难；
谈到三年有经验，妹会吃醋哥吃酸。

① 三八：当地俗语，指脑子笨。

妹在江边把衣搓，再洗几件再去浆；
哥你拿来给妹洗，不怕别人讲风凉。

二月柳树冒嫩芽，屋前桃树又开花；
桃红柳绿和春意，美景连着你我她。

磨瓦哥，磨好瓦来盖个窝；
好瓦都是别人盖，好妹不是哥老婆。

一条毛路弯上山，到处都是勾刺拦；
勾刺莫拦我的路，烧炭帮妹换衣衫。

一坡藤条乱糟糟，妹要上山砍柴烧；
藤条莫拦我的路，我郎后头有利刀。

衣裳先烂烂在肩，雨帽先烂烂在圈；
衣服烂了可以补，雨帽烂了丢一边。

糯米煮粥糊又糊，锅底焦了也没熟；
连妹三年没结果，晓得妹家几糊涂。

窑大不怕滚乌烟，牛大不怕犁湴田；
量大不怕等妹久，老酒越沤越香甜。

拉开风箱扯大炉，打铁补锅哥也熟；
那年妹家补一次，是妹留哥住一宿。

人人讲哥好老行，哄了妹仔哄妹娘；
哄妹来做百年伴，哄娘来把外婆当。

瞎子见人眼睛眯，驼子见人把头低；
妹子见人让三步，因为做了别人妻。

妹仔出门妹娘教，记住家规守妇道；
女人好比蟠桃宴，要防猴子来偷桃。

12. 真心结交苦变甜

（栗木镇大合村黄春梅讲唱，田明月搜集整理）

门口樟树杈对杈，树上无凤落乌鸦；
将就八字将就命，将就这世有个家。

塔直不怕日影歪，心正不怕人乱猜；
哪个讲妹随他讲，墨水泼花照常开。

难了难，山头种花遇天干；
别人水往低处流，哥要河水上高山。

枣子好吃枣核尖，小心利核刺嘴边；
莫看妹子好讲话，小心灰水白洗钱。

老虎屁股莫去摸，标致后生有几多；
好比塘边捞鱼崽，妹想哪个捞哪个。

凤凰山上凤凰楼，当年和妹结情愁；
哥无缘来妹无分，只有相思千古留。

隔河望见枇杷黄，可惜得见不得尝；
镜框里头见到妹，可惜得见不得双。

捡个铜钱丢下江，妹拿钱去请龙王；
请来龙王配白马，我要骑马去找郎。

哥你总讲没得钱，死在金山也枉然；
只要心有情意在，真心结交苦变甜。

龙在东海千万年，凤在西山万年前；
龙凤不能成双对，只因他们是神仙。

去了去了又转来，蜜蜂难舍百花开；
董永难舍七仙女，山伯难舍祝英台。

去了去了又回头，猫崽难舍碗中油；
阿哥心里难舍妹，于心不忍把妹丢。

哥去山旁套画眉，妹去烧香刚转回；
哥问妹去哪个庙，哥不识路叫妹陪。

水冲田基禾苗歪，禾苗正好爆禾胎；
心情不好包容妹，发点脾气莫记怀。

竹子无心要破开，织得簸箕织糠筛；
看你拿来怎么用，会用小材变大材。

铁树开花时运来，讨个老婆带嫩孩；
拿钱请人来捶背，黄盖愿打又愿挨。

荷塘放鱼怕人钓，茅草盖屋怕火烧；
这个年头要防范，生死保护我的娇。

石头下根砌砖墙，根深蒂固保稳当；
爱情也要有基础，百年恩爱幸福长。

好久没上源头山，忘记那路那个弯；
那年和妹走一半，山高路陡上下难。

垂柳爱生大河边，倒影落在水中间；
好比情哥缠情妹，心心相印共缠绵。

哥似柳来妹是杨，妹是凤来哥是凰；
妹是女来哥是子，我俩正好结鸳鸯。

大海滩头有个螺，看惯几多浪和波；
无情无意莫哄妹，骗人招数妹见多。

大海中间有个礁，一时来浪一时涛；
惊涛骇浪都熬过，凤凰哪怕你老雕。

六月日头晒过天，晒坪谷子黄鲜鲜；
正逢今年天气好，全靠哥来帮种田。

屋前种李莫种梨，妹是李家排第一；
吃梨各人吃一半，这样注定要分离。

大田养鱼崩田基，跑出鲤鱼好可惜；
各人捞起各人要，早日连双早定亲。

去年见妹妹脸白，今年妹脸桃花色；
妹仔到了十八岁，该去郎家做新客。

上田黄泥下田沙，早晚推来做一家；
阿哥早晚要娶妹，前世姻缘没办法。

哥挑大箩妹小箩，妹挑少来哥挑多；
为情不怕人辛苦，铁心因吃铁秤砣。

画眉养大烂了笼，离笼家鸟更不同；
飞来飞去门前转，妹不嫌弃这家穷。

人穷节俭妹心知，精打细算人常情；
冷水泡饭妹也愿，三天无米妹不离。

有人讲哥家里穷，妹的看法大不同；
情哥穷到一升米，妹愿一餐煮半筒。

小时一伙扯布葱，那时就有人起哄；
有人推我去挨妹，还说做个妹老公。

一只白鸟飞过江，看见哥去扛鸟枪；
劝哥莫打单飞鸟，她飞过河是为双。

茅草盖屋竹子搭，冬暖夏凉不觉差；
女老活到一百岁，男老活到百零八。

妹背竹笋坡过坡，今天没有往天多；
竹园有个野鸡叫，吓得连笋扯不脱。

红薯熬酒甜又甜，原料来自妹家田；
三个铜钱买一担，还写欠条欠着钱。

想不通，为何要讲牛不葱？
为何要讲狗不蒜？连双无佘人逼疯。

风不吹来雨不落，妹想嫁哥要爷说；
男婚女嫁爷做主，玉皇大帝管不着。

铜不变黄就成锑，凤不起飞就成鸡；
哥不爱妹成笨蛋，好的丈夫最爱妻。

裁缝要把量布尺，先生要支写字笔；
连双要哥一个爱，富贵荣华妹不提。

稠禾糯米好做粑，就是割时莫沤芽；
妹娘爱吃鲜大糯，哥拿糯米去换花。

妹像田里芋苗叶，装点雨水自翻跌；
请个媒婆半路死，来过老公腿又缺。

刀子嘴巴豆腐心，这个就是妹母亲；
要是有天叫岳母，要挨骂得狗血淋。

立春想妹到立冬，一年想妹都落空；
再想一年妹不到，五月杨梅不给红。

牛皮绷鼓靠人擂，竹子做箫靠人吹；
情哥提亲靠媒讲，这回不准等下回。

龙爱深潭鸟爱林，后生妹仔爱恋情；
哪个都有十八岁，哪个都有求爱心。

秋风一吹菊花黄，人到中年会思量；
情真意切共甘苦，同似寒梅傲雪霜。

大路好走妹不走，妹走小路有根由；
那年小路哥追妹，可惜没有追到头。

新捡棉花好蓬松，弹床棉被好过冬；
妹讲拿来做嫁被，一时半刻没想通。

开个铺子去卖盐，哥来看秤妹收钱；
我俩联手做生意，稳赚不会把本填。

种竹就想竹笋多，孵鸡就想窝连窝；
年轻就想哥连妹，找个好人过生活。

进庵进寺莫讲情，里面住着绝情人；
如今妹也是一样，对哥越来越冷清。

妹说妹是一根针，抛下海去无法寻；
既然妹心这样狠，到时哥也不吭声。

你想吃桃就吃桃，十月想吃吃树苗？
讲话最好实在点，五黄六月莫想糕。

哥好笑，笑妹无故把婚逃；
当初是哥看错妹，葫芦当作木鱼敲。

妹今无夫也不难，走村过巷找好男；
心急难吃热豆腐，妹急难过连双关。

风大难把伞来撑，水大难把田来耕；
女大难把夫君配，连来连去不相称。

吃颗杨梅眼酸眯，心也难受有谁知？
看到情哥连别个，还在妹前演呆痴。

李子没熟桃子红，桃子因早爱生虫；
妹仔花花[①]就出嫁，还在娘肚想老公。

隔久没走这个村，这村妹仔没开门；
哥想进村带妹走，晓得妹仔跟不跟？

大风吹倒梧桐树，凤凰飞进又飞出；
飞来飞去丢了伴，过后才知心忧虑。

吃了苋菜红了汤，约了情郎心紧张；
陌生男人初初见，脸上红云也成双。

扛把锄头去挖沟，为水灌田保丰收；
提个雄鸡去引妹，为家团圆到百秋。

妹脸红红像桃花，食指尖尖如笋芽；
这个妹妹好乖巧，快请媒婆到我家。

石打浅水莫打深，深有龙女挂龙灯；
一石击起千重浪，从此爱情就断根。

① 花花：当地俗语，指年龄小。

要合八字才定亲，哪个八字用秤称？
哥的八字有几两？妹的八字有几斤？

妹莫哭，不嫌哥苦就进屋；
别人三餐吃白饭，哥家三餐喝稀粥。

妹莫哭，穷人无病就是福；
强强旺旺过日子，自己觉得好舒服。

泥鳅难舍这条沟，沟也难舍这泥鳅；
水干泥枯遇大旱，泥鳅走了把洞留。

河蚌肚里有颗珠，谁也没有这特殊；
珍珠落在哥手上，和哥百年来相许。

竹子竹叶一色青，阿哥对妹一条心；
编织帽子竹叶盖，经得日晒和雨淋。

挑担河沙来粉墙，几高几宽不用量；
好比情哥看情妹，一眼望出好姑娘。

哥在河里下鱼筛，泥鳅黄鳝都拢来；
泥鳅黄鳝不理想，想个红鲤供神台。

门前走去又走来，天天喜欢这徘徊；
一来观察哥去向，二来活动这筋脉。

牛角筛破做把梳，问妹嫁夫不嫁夫?
妹你嫁人梳送妹，嫁我阿哥做少妇。

洋鸭婆，吃得多来屙得多;
守在门前死吃饭，走路又是慢慢挪。

（讲唱人：黄春梅，女，瑶族，栗木镇大合村人，已故。）

13. 妹比芙蓉更芬芳

（栗木镇田日润讲唱，田明月搜集整理）

见妹生得白飘飘，好比江边海芋苗;
芋苗大了有人扯，妹仔大了有人瞧。

见妹生得白彤彤，好比白莲出水中;
莲花出水容易见，哥想阿妹难相逢。

见妹生得白兮兮，好比沟边白脸鸡;
嘴巴出血为郎叫，为配双来叫凄凄。

单竹单，单身阿哥不一般;
只是老婆不想讨，好马暂时不配鞍。

单竹单，单竹破篾织麻篮；
单竹筛来做笛子，吹得七妹跟哥玩。

放牛娃，一根棍子手上拿；
牛牯爬上牛婆背，问妹这是干什么？

养牛妹，日头跌岭还没回；
日头跌岭有夜鸟，妹在山坡看鸟飞。

人要偷情就挨捉，村头巷尾打大锣；
告诉阿哥要正道，明媒正娶是老婆。

竹筒灶鸡半夜鸣，妹就晓得你的心；
半夜孤单为叫伴，三更难眠为叫情。

荷塘鲤鱼看惯花，江洲蚂蚜看惯沙；
看惯人间红尘路，路通哪家连哪家。

小雨落多路打滑，大雨落多山倒塌；
莫讲山盟和海誓，那些都是打呱呱。

果子吃了莫丢核，红包收了莫丢客；
连情莫丢初恋路，留着想念也值得。

一把剪刀两边开，这样就能把布裁；
人间生成要配对，亏了观音想出来。

有样鸟崽爱报丧，有样鸟崽爱下江；
下江才是鹭鸶鸟，渔佬得鱼靠它帮。

豆豉煮菜颜色黄，八角煮菜菜更香；
世间一样配一样，情哥配妹正相当。

阎王不管双不双，只管寿命长不长；
若是我俩百年爱，更改时间找阎王。

大早起来去扯秧，妹家插田无人帮；
想起阿哥就滴泪，插秧一行泪一行。

走过庙前想烧香，走过店前想吃糖；
走过花园就想妹，妹比芙蓉更芬芳。

村前有块进士碑，那年哥扛金榜回；
妹扶楼栏悄悄望，成双不成想非非。

渔鼓拍得响咚咚，长街大巷唱武松；
再唱那个西门庆，死有余辜这骚公。

世上蜜蜂不守规，男男女女爬一堆；
连情就要学一二，免得挨骂又挨捶。

哥抓田鸡杆草掏，不掏脚爪偏掏腰；
假如情妹被人侮，哥你拿出哪一招？

上田高粱下田葱，一高一矮大不同；
哥是大富人家崽，鸡鸭同养不同笼。

鸡子不进鸭子笼，好蛙不进懒蛇洞；
好妹不嫁鸦片佬，万贯家财搞得空。

哥学赌博妹不连，十赌九输是真言；
态度生硬脾气丑，敢卖老婆和祖田。

今世哥有手一双，妹不爱哥也无妨；
妹不爱哥有人爱，爱哥双手敢顶扛。

打烂花钵花分泥，绝交路上妹分离；
三岔路口有人笑，十字街头有人泣。

昨夜鱼塘好糟糕，塘口漏水鲤鱼飙；
昨夜鲤鱼上了岸，偏偏遇上来野猫。

木皮盖屋住得安，竹钉钉紧风难翻；
不是哥家无片瓦，木皮房子出大官。

上无弟弟下无兄，至今还是单身公；
知妹是个单身妹，两人结对做老同。

高粱结子密密麻，我俩前世是冤家；
这生情结又扯乱，爷娘又把事搞砸。

蚌壳死了两半开，妹今看了好悲哀；
人在世间不多久，失去东西不回来。

大河有水小河流，人生爱情是大头；
完成婚姻是大事，无缘也莫去强求。

火烧鸡毛闻怪香，妹你家贫还化妆；
成天闺房来打扮，胭脂香水几大箱。

荞麦开花梗子红，我俩有爱在心中；
连双莫出外头讲，防着别人吹冷风。

大旱三年东海干，龙王难过无水关；
我俩去挑阴河水，白头夫妻也过完。

阳春三月天暖和，柳枝垂垂舞婆娑；
把握春光莫错过，春燕进门唱山歌。

挖地挖得锈铜钱，给妹拿去换油盐；
妹讲妹苦哥更苦，妹不嫌苦就来连。

砍柴要砍三胡椒，连双不论矮和高；
连双不讲肥和瘦，肥的肉多瘦苗条。

破篾织个牛崽箩，免得牛来吃嫩禾；
牛来偷吃挨鞭打，望着心疼眼泪落。

下山容易上山难，上山汗水湿衣衫；
谈情容易建家苦，生儿育女时时烦。

那年和妹吃一餐，酸鱼一碗蛋一盘；
妹娘两眼望着妹，暗示妹仔莫吃酸。

昨日路过妹屋前，井水受了河水淹；
阿妹嫁到外乡去，肥水流去外人田。

打个野兔三斤三，接妹过来吃一餐；
接妹过来住一夜，机会到了开酒坛。

只有情哥把田耙，没有情妹把秧插；
当着日头问天地，前世哥犯什么法？

一根秤杆定铜星，几两几钱都分清；
妹娘做事那么细，教出阿妹好聪明。

到了冬至腊板鸭，请妹爷娘亲手杀；
到时两家各一半，女婿就是半个娃。

妹仔大了要出嫁，娃崽大了要成家；
男女到了十八岁，就是三月桃子花。

湖南妹仔广西娃，做了女婿耍长沙；
做了媳妇南宁耍，湖南广西好亲家。

田里砍蔗跌下沟，甘蔗节多妹担忧；
节外生枝半途废，水推竹筒难转头。

哥想老婆就去讨，哥想暖茶就去烧；
见人娶妻你吃醋，到底凭你哪一条？

月亮明，月亮里头有个人；
那是吴刚伐桂树，那是嫦娥诉衷情。

竹子开花时运差，燕子落檐不进家；
看着过去空窝子，两眼眨眨落泪花。

哥在哥乡是种烟，来到妹乡学种莲；
刀切藕断丝不断，和妹分手又来连。

阿哥好比三月天，多是阴雨好讨嫌；
天不开阳心头闷，心里如吃苦黄连。

早知庙里有菩萨，早求观音问红花；
早请观音去拉妹，免得嫁进别人家。

早知那村有白马，早求爹娘把鞍拿；
早知哥是孤独汉，白马配鞍一双驾。

谁家认钱不认亲，谁家认钱不认人？
莫是有人穿钱裤？拿来妹仔换金银。

鸟过树林就想落，因为这里好起窝；
哥家前后风水好，只是少个美姣娥。

小孩出门爱折花，老人出门爱摘瓜；
后生出门爱逗妹，谁也莫讲谁人差。

妹娘讲妹生得傻，伸头去望过路娃；
男人最好莫去看，他像蚂蟥爱来爬。

月亮出来两头钩，喊哥不到妹心愁；
情哥就是山溪水，哪里有沟往哪流。

砍根竹子做把笛，说哥要吹吹得力；
莫像八仙韩湘子，吹得如神无相知。

水好不讲井大小，火好不讲灶矮高；
人好不讲相貌丑，鲜花再美也会凋。

妹在江边翻石头，为捉螃蟹心发愁；
螃蟹夹人不放手，痛了痛了又一丢。

扯根棕丝搓套索，难套鹧鸪套麻雀；
妹是村里麻雀鸟，哥敢套来妹敢落。

花花背篓好手工，背在妹身人走红；
别人问妹在哪买，妹说在我哥心中。

四四方方一块田，有个十字在中间；
结交好比田字样，由你旋转心不偏。

二月茹菜白茫茫，蝴蝶飞来闻花香；
要是蝴蝶跟蜂走，甜言蜜语交好双。

妹犯八败哥不嫌，妹杀九夫哥也连；
早晨连双晌午死，也得团圆一半天。

水推泥鳅头摇摇，望人手捧和绞捞；
妹想江边伸出手，一手不知捞几条？

石打碓坎经得春，阿哥费了好多工；
这些花费都不讲，好在计划没落空。

砍根竹子做把箫，偷偷别在哥的腰；
看见妹来吹两下，引妹过来把心交。

毛竹园里鞭笋多，都向肥土那头挪；
阿妹恰恰来相反，不怕水浅地头薄。

摘朵玫瑰丢下江，再好鲜花也不香；
落花有意随水去，人过事迁会淡忘。

桃子不摘自会落，板栗不摘自开壳；
哥不来连妹不等，当是过河就过河。

（讲唱人：田日润，男，瑶族，盲人，栗木镇人。）

14. 茅草烧火满屋烟

（栗木镇田文佑讲唱，田明月搜集整理）

茅草烧火满屋烟，哥穷哥苦无怨言；
八十爷娘要护理，管田管地管油盐。

挑泥舂墙放墙筋，有了拉力就放心；
连双下了准口担[①]，哪方推翻都不行。

癞皮蚂蚜躲端阳，免得相克海龙王；
这些仇家也知趣，免得为情动刀枪。

哥是山中果子狸，会爬大树会偷吃；
偷了果子还不算，还要偷妹去做妻。

舍得待客养得鸭，舍得贪色种得花；
舍得熬夜连得妹，陪妹都在月光下。

送妹送对头发夹，夹上打着蝴蝶花；
这对发夹并不贵，妹说也不比人差。

月光没落天先亮，大雨没落水先涨；
妹没过门先怀孕，怪妹自己不老行。

---

① 准口担：瑶族婚俗，男方挑着礼物到女方家求婚，得到女方认可，俗称“合准口”，礼物用箩挑去，故称“准口担”。

不会梳头打疙瘩，不会搓线乱如麻；
不会连双莫乱讲，莫给别人笑脱牙。

夏至日长人肚饥，妹不知哥谁人知？
肚饥不是想碗饭，只想身边有个妻。

打烂醋坛满地酸，哪来好地种牡丹；
出门又怕哥撩事，进屋又怕心不甘。

塘边翠鸟嘴长长，蓝蓝羽毛做衣裳；
满嘴都是鱼腥味，为鱼死守这口塘。

妹娘有恩莫要忘，养大妹仔日子长；
刚刚做事又出嫁，养女半辈在白忙。

妹莫嚣，总讲出门带砍刀；
哥在柴山打个屁，吓你妹仔眼泪飙。

哥莫嚣，出门总讲把人敲；
你敢女人河边走，要你肚子起大包。

小沟流水一浪浪，好在水坝架鱼梁；
好多鲤鱼旁边过，就是没得篡来装。

妹家住在龙凤坡，龙头凤尾古仔[①]多；
龙凤私下结连理，恩恩爱爱过生活。

① 古仔：方言，故事。

人起房子鸟起窝，火起乌烟水起波；
哥起念头妹起意，活在世间板路多。

捡来江石砌花街，砌好花街等妹来；
哥去接妹骑白马，妹来嫁哥大轿抬。

捡个石头丢下河，问妹起波不起波？
水不起波妹无意，天配姻缘难奈何。

妹是河里水蚂蟥，一听水响到身旁；
趁人不防就缠起，她吃饱了你受伤。

卖菜妹仔嘴会讲，本来不买心里想；
难怪生意这么好，你也抢来他也抢。

新买镰刀不用磨，好刀能砍又能割；
好比当初哥和妹，又敢分离又敢合。

妹你没有读过书，哥我没有养过猪；
你教我来我教你，就是臭教变身术。

隔山听见木叶声，哪在那山挖葛根？
妹喊三声你不理，妹要亲自过山寻。

这边岔路那边弯，这边是河那边山；
随你想走哪条路，哪条都是不平凡。

笋子出来尖又尖，妹不讲话我讲先；
竹笋出来最快老，妹你要连赶快连。

哥无聊，烂铜哄妹是金条；
家穷莫哄别人富，阿妹不吃这一招。

打烂花盆镶花街，这种做法不应该；
割死野花赔花树，同样是个大蠢材。

又想养羊又怕骚，又想杀猪又怕刀；
又想连双又怕妹，又想偷金又怕牢。

这朵葵花向阳开，日头偏歪她也歪；
志同道合爱到死，死了灵位也相挨。

年轻好耍没几年，眨眼一天又一天；
人到三十得半世，我俩珍惜这时间。

妹发愁，妹妹挨娘锁在楼；
要是情哥还爱妹，快上门来把情求。

谷磨磨谷碓来舂，又有粗工有细工；
男干粗活妹做细，夫妻本是一条龙。

磨钩弯弯为打圈，泥斗方方为打砖；
罗盘圆圆为测地，我为阿妹守花园。

毛笔写字各有锋，各人欣赏也不同；
哪个妹仔都可爱，哪个娃崽都威风。

风吹窗帘两边飘，望哥望得好心焦；
日出望到日落岭，日头越矮影越高。

风吹池塘莲叶飘，荷花也在跟着摇；
风吹叶动花也动，人讲哥骚妹也骚。

杉木起屋难比钢，竹片挡风难比墙；
哥家日子难比妹，韭菜难比八角香。

人有姓氏地有名，妹你无哥怎么行？
山上老虎会吓妹，河下蛟龙会追人。

蛮好笑，老鼠出洞吓跑猫；
坐在船头讲气话，看你是想大浪淘。

树林夜鸟叫凄凄，不叫之鸟有相依；
无双无伴不安静，咸酸苦辣有谁知？

立夏插田忙又忙，不顾连情顾插秧；
插秧季节时间短，连情时间比水长。

石缸养鱼口朝天，难比大江好水源；
难比大户样样有，哥的一生靠种田。

风车风谷手来摇，摇得谷毛满地飘；
哥不会摇又逞能，妹在旁边不喊教。

乌在山里叫喳喳，妹娘说是有乌鸦；
乌鸦不比八角乌，播下种子也糟蹋。

妹是树林山喜鹊，几多果子都叮落；
几多花枝都踩断，还没看见有个窝。

牵肠挂肚年过年，没有一刻心安然；
哥是竹排下了水，游了这边游那边。

妹讲妹你是朵花，漂漂亮亮盆中插；
看多几转看出假，用纸扎好涂红蜡。

粗布衣服粗布巾，配得合适人年轻；
色不协调人变老，情不合理人变心。

犁拱就要树木弯，猪血就要把水掺；
妹要对哥讲实际，爱情非同儿戏玩。

地上生草要勤刮，莫给草长遮了花；
连双路上要勤走，莫给表姐代替她。

唱起山歌解下忧，凡事该丢就要丢；
莫在桃花树上吊，死角也能打转头。

三月野花最开多，红一围来黄一坡；
恁多野花莫顾采，恁多花香莫晕着。

棠果开花心头黄，总有一点怪怪香；
不知妹心怎么样，到底连双是丢双？

枯江哪有鲤鱼游，民宅哪有碧玉留？
贫家哪有姣娥妹？只有钱愁和情愁。

鲫鱼多刺要当心，根根骨头利过针；
妹爱讲那胀气话，扯鸡骂狗想断情。

哥种杉木妹种花，男才女貌人人夸；
杉木能做顶梁柱，鲜花打扮漂亮家。

阿妹养牛哥养马，哥骑白马跑天涯；
妹牵黄牛种田地，有钱有粮别人夸。

田里打谷谷桶装，谷桶都是靠哥扛；
好比起屋来盖瓦，事先要选那主梁。

买牛莫买头心白，白头白尾短命客；
连双莫连茶楼女，茶楼女子最贪色。

月亮出来带颗星，刘备出来带孔明；
情哥好比杨宗保，出门要带穆桂英。

养牛娃崽名堂多，你敢过来我敢拖；
拖你回家给娘看，当个小婿合不合？

捡个石头丢过坡，莫要打中画眉窝；
莫要打散窝边树，画眉飞来无处落。

做个神仙也蛮难，见到狗肉嘴也馋；
做个凡人更不易，英雄难过美人关。

岭头有块分界碑，一边赢了一边亏；
哥你爷娘在欢笑，妹我爷娘在泪悲。

妹是鲤鱼在大江，江边处处下渔网；
情网张张难放妹，妹的相爱在哪方？

大山生树又生花，大棚生藤又生瓜；
连连牵牵情不断，连到青丝变白发。

杨梅好看颗颗酸，板栗好吃颗颗馋；
最怕板栗一身刺，这蔸大树不敢攀。

一条大路分两边，劝妹走路走中间；
一边有驴一边马，看你想骑哪个先。

哥发癫，哪个骑马上得天？
睁开眼睛说瞎话，吹起雪山会冒烟。

田口流水响哗哗，久闻这里飘水花；
鱼听响声来飙水，当是潇洒就潇洒。

老鼠翻天莫骂猫，要怪怪那老鼠骚；
也怪猫崽不降鼠，弄得事情一盘糟。

金竹扁担软悠悠，这头灯草那头油；
一头轻来一头重，亏妹挑了几多秋。

出门捡菌捡着钱，捡得再多也枉然；
不义之财哥不要，苦做苦吃不怪天。

昨晚听人在吹箫，哥在屋檐偷偷瞧；
窗内红烛伴白帐，孤灯旁边是美娇。

花前月下等哥来，这蔸夜兰是哥栽；
哥若不来等天亮，天亮不来永不开。

烧香撞倒香火台，三年纳闷在发呆；
三年没遇桃花运，处处倒霉处处衰。

（讲唱人：田文佑，男，瑶族，栗木镇大合村人，已故。）

15. 妹打油茶哥来筛

（栗木镇刘秀花讲唱，田明月搜集整理）

十八满姑十八郎，我俩年龄正相当；
好比桌上排筷子，正好合拢做一双。

洞房抬茶敬老先，年轻你就让一边；
人情礼信你要懂，人人都要做老年。

妹仔嘴巴利过刀，你爷你娘怎样教？
要是你嫁打铁铺，同样烧红把你敲。

牛到田边要偷禾，因为嘴馋难奈何；
这些都是成习惯，妹不喜欢莫要合。

挑来塘水煮塘鱼，买来唐诗读唐书；
一搭两就是最好，管他当崽是当婿。

人说最险是刀枪，我说刀枪可以防；
最险还是芭芒草，防不胜防把人伤。

妹想要银哥给银，妹想月亮是欺人；
晓得这事办不到，刁难别人最伤情。

隔山隔水不隔天，只是东西各半边；
你看牛郎和织女，违抗天条还要连。

水桶不漏打篾箍，哥的手艺妹真服；
阿妹不连用笑脸，结交路上不含糊。

山中江水分岔流，他过滩头你过洲；
流到哪里是终点，流到哪里是个头？

昨夜走过妹村头，门前牡丹在含羞；
要开不开最可爱，阿哥好想过去偷。

丝瓜长藤不怕羞，见个都想过去勾；
只有勾搭身才稳，大风吹来也无忧。

人家有爱分给双，妹我有爱心里藏；
哪个合适就开锁，敞开闺秀这心仓。

妹砍毛竹做编织，叫哥进屋织簸箕；
哥你为何不答应，和妹讲话不答声？

仙姑山头吹玉笛，凡间哥哥情迷迷；
天上人间先莫爱，王母晓得又隔离。

割把青草丢下塘，喂饱草鱼干别行；
喂饱草鱼去偷懒，悄悄过去偷看郎。

六月打铁亏铁匠，亏了铁匠守炉旁；
腊月雪天亏了妹，亏了阿妹守空房。

好的古仔人爱听，好听还是穆桂英；
桂英虽是女英雄，同样不离男女情。

不怕水牛角弯弯，牛角弯弯我敢扳；
就怕蛇皮绷弦子，不懂情感在扯淡。

酒瓶无酒哥想丢，空瓶为何还保留？
妹无意思就分手，为何缠着不罢休？

吊井泥鳅你想溜，你想溜去哪条沟？
明日哥来井打水，朝着哥的桶里游。

唱歌一首又一首，情歌永远记心头；
好比情妹心里话，头发变白还没丢。

一皮木叶尖又尖，木叶含在嘴巴边；
吹起木叶来逗妹，逗妹给哥送手绢。

一把青伞把子勾，问哥是买还是偷？
是买妹就讨来用，是偷妹就不伸手。

油草生在禾田边，妹你还讲妹空闲；
草连禾苗妹不管，只管自己把双连。

灯草点灯到天明，不知费了几多芯；
费了心血是为妹，妹你何必那绝情。

三蔸桂花种一坡，三个娃崽坐一桌；
三个娃崽由妹选，看妹相中哪一个？

茭笋莲藕同塘栽，笋也发来花也开；
哥为花来妹为笋，正好我俩合拢来。

吃了晌午得半天，过了六月得半年；
人到三十得半世，时间宝贵如金钱。

妹脸红红桃子色，哪个见了都想摘；
若是阿哥连得妹，花点银子也值得。

哥打日本上战场，妹种田地养爹娘；
阿哥立功得了奖，把妹名字写中央。

月亮出来亮堂堂，照着阿妹洗衣裳；
洗一块来晾一块，留块给哥来闻香。

白菜嫩，白菜梗子像调羹；
白菜虽然是妹种，哥不淋水哪会生？

鳖鱼下蛋河沙中，孵崽完全靠鱼公；
你我相连遂了愿，主内主外再分工。

北面山上芭芒坡，芭芒梗上结鸟窝；
鸟来结窝为生蛋，哥来结伴为香火。

妹嘴呱，妹嘴好比算盘扒；
算好十八要出嫁，算好十九要生娃。

套个白鸟二两八，哥的猜测点不差；
白鸟飞起这样大，全是鸟毛撑[illegible]它。

人靠打扮戏靠妆，原汁原味是人双；
一世夫妻一台戏，当戏来演也收场。

妹打油茶哥来筛，新讨老婆就是乖；
要好我俩好一世，喜新厌旧太不该。

拿得鱼崽吃得腥，妹要连哥不怕贫；
哪个贫穷穷一世，哪个富贵贵一生？

日晒芝麻不用捶，我俩连双不用媒；
写个情字按个印，过水可以要哥背。

天天走过庙面前，庙里时时都冒烟；
香烛烧了几多担，孤独还是年过年。

菩萨微笑在脸上，庙里坐等人烧香；
祈求菩萨保佑妹，菩萨本身没心肠。

画只老虎恁样凶，吓得阿妹久失踪；
当初晓得是这样，不如画个钻心虫。

打个封包给妹娘，我今要和妹成双；
养育之恩要回报，十月怀胎不会忘。

打对耳环吊个铃，问妹这样行不行？
妹讲不行哥另打，打到阿妹有真心。

鱼崽死了随水推，哪个同情为它悲？
无妻无儿苦中苦，世上有人恁倒霉？

树子死了果子干，人生哪个愿孤单？
哥你总讲单身好，二两腊肉过大餐。

水车不离水塘边，竹篮不离小菜园；
水车离水无他用，竹篮离菜空挂檐。

看哥笑得有点癫，相貌生得比人奸；
这样男人妹讨厌，这样男人最讨嫌。

想哥想到月落西，月边云形像金鸡；
彩云追月有相伴，唯有妹我受孤凄。

想妹想出一身病，睡在床上难翻身；
若得妹来看一眼，到了九泉也记恩。

无盐煮菜菜无味，无油煮菜焦锅背；
样样都要搭配好，男来搭女成双对。

我俩再穷也莫分，哥去卖柴妹也跟；
哥去卖柴妹买酒，陪哥喝到醉醺醺。

日头出来三丈高，哥你床头伸懒腰；
你讲有福福个鬼，枉手一双腿两条。

风流世界骚人多，花枝招展像妖魔；
连双莫连这种妹，连了终生受折磨。

好吃好喝鹧鸪汤，好心好意好姑娘；
隔河看见满妹仔，好比闻到桂花香。

哥家房子好洋气，全是青砖来砌墙；
上面盖着琉璃瓦，檐口雕有凤朝阳。

十个妹仔九个癫，还有一个像七仙；
这个妹仔哥看中，打个主意去拢边。

吃了夜饭后门溜，我娘骂我是小偷；
我偷不是偷钱米，偷情偷爱几个秋。

吃了夜饭后门飙，我爷骂我偷吃猫；
爷娘要骂随他骂，猫想偷吃不怕敲。

隔山听见歌声飞，哪个恁夜还没回？
砍柴砍到日落岭，还想等阵夜风吹。

鸟怕落雪无处归，又冷又落风又吹；
好男莫弃远路妹，千里迢迢泪纷飞。

天上星子密密麻，有颗星子把眼眨；
这颗星子不一样，月亮暗里照着她。

打烂鸡蛋赔绣球，别人爱讲妹风流；
风流是妹真本事，情哥见妹也低头。

妹不怕羞哥怕羞，当人面前拉衣袖；
哥是一蔸含羞草，挨着就会缩了蔸。

初一十五去烧香，合掌祈求观音娘；
保佑哥讨红花女，牵着妹手进洞房。

果子熟了鸟爱叮，妹仔大了人爱跟；
管她嫁给哪一个，八字生成命生成。

嘴剥瓜子两瓣开，才见心肝露出来；
妹的心思不露面，这个私密也好猜。

昨夜做梦梦见郎，还在梦里跳下床；
开门吓得老鼠叫，吓得老猫撞门墙。

葵花那大也芬芳，桂花那小也飘香；
大姑小姨同样好，人心也有规尺量。

捡个桃核放花盆，明年发芽就出根；
后年桃花开满树，把我情妹接进门。

天天落雨好心烦，江边木桥水摧残；
本想约哥街上耍，老天无情来阻拦。

春头鱼崽往上游，成双结对上坝头；
鱼为繁殖去走险，人为爱情苦中求。

少年风光老年衰，我劝世人要看开；
成亲生子慢慢老，青春一去不转来。

风和日丽燕飞高，燕尾叉开像剪刀；
来到哥家打一转，剪了情思断了交。

16. 上山割草唱山歌

（栗木镇田美花讲唱，田明月收集整理）

连了情妹有点慌，好比猫崽过油缸；
好多心思挨打乱，妹娘把哥当贼防。

妹是山中糯米藤，养猪催奶是验方；
哥想上山挖蔸种，不知种园是种盆？

上山砍柴唱山歌，那山有没有姣娥？
那山若有姣娥妹，快快接嘴把歌合。

上山割草坡过坡，又有鸟崽又有歌；
鸟崽纷飞是寻伴，山歌唱起是快乐。

阿哥为妹受了伤，三天不吃躺在床；
妹娘不给妹去看，好比刀割妹心肠。

吃了早饭就出门，好像阿哥丢了魂；
别人问哥忙哪样，哥说淋花去别村。

门外闻到干鱼香，是妹特意用篮装；
路人问妹卖不卖，妹说三月要送郎。

牛崽垒里有牛仙，从来没见牛犁田；
这些传说好缥缈，讲点现实找妹连。

马头岭上白云飘，妹想上山莫怕高；
妹想连双莫怕讲，妹想骑马莫怕飙。

苦竹岭上苦竹园，有朝苦笋会变甜；
哥穷哥苦妹莫怕，火烧眉毛是眼前。

蕉芭垒里有传说，妖女行善要嫁哥；
谁知世上人眼浅，遇到好事弄风波。

庙仔岭头有座庙，三村五寨都知晓；
若是天旱不落雨，我俩同去把香烧。

小时和哥打陀螺，蚂蚜树皮叫妹剥；
陀螺就是哥来做，哥哥都是干重活。

青梅竹马那年头，曾经妹也把哥求；
一朵芙蓉跌下水，看着推去难挽留。

喊声妹娘岳母娘，不曾做婿也无妨；
岳母早晚有人喊，还是先喊的人强。

东边落雨西边晴，打伞出门去会情；
打伞出门去结对，伞骨撑断不见人。

这种讲来妹不通，那种讲来妹不容；
不连就讲不连话，好话当成耳边风。

哥讲衣烂不好穿，破了就是两半边；
想去连拢又无线，若是早讲妹来连。

昨夜猫崽在瓦背，想捉老鼠把瓦推；
妹屋有只大老鼠，神仙保护这范围。

甘蔗烧火可惜糖，可惜阿妹嫁哈郎；
好花没选好地种，炭坑种花自枯黄。

崩了鱼塘跑了鱼，鱼跑妹田农毛渠；
妹爷拿了拦江网，拦断水流鱼难出。

荷叶荷花把柄长，根深蒂固在深塘；
我俩连双要长久，醇酒越放越芳香。

田头地尾艾叶青，摘篮艾叶去尝新；
艾叶拌着糯米做，好比哥心伴妹心。

梦里金库妹莫贪，本是好梦莫为难；
醒来也好心平静，离床也好不心酸。

生不生来熟不熟，妹得重病哥画符；
妹爷还讲哥灵验，药到病除我佩服。

葱子无心根根空，蒜子有心一条龙；
葱蒜捞来一园种，各的生性有不同。

两岸杨柳排对排，妹是为着阿哥来；
哥讲杨堤红花地，两人先把红花栽。

杉木大门杉木闩，日头落岭把门关；
阿哥要来走屋后，到妹闺房要转弯。

哥要吃甜妹吃酸，看来我俩不一般；
昨日喜鹊对妹叫，今日鸡生双黄蛋。

哄得鸭崽跑下江，哄得蚂蚜跳下塘；
哄得别人难哄妹，出门生意妹老行。

表妹有心来筛茶，表哥有心来采花；
扯蔸门前桂子树，欢欢喜喜带回家。

老表门前有蔸竹，栽种还是妹姑姑；
姑姑说是亲老表，不许喊妻和喊夫。

送妹送到大石洲[①]，又过河来又过沟；
送到桥头分了路，一江清水伴泪流。

送妹送到岭尾村[②]，过河过渡妹莫晕；
水急滩险妹莫怕，鲤鱼不会把妹吞。

送哥送到薛家坪，哥叫妹停妹不停；
妹要和哥走到老，人生路上永不分。

送哥送到麻篮洲，缘分不合泪双流；
手提麻篮来打水，两手空空回转头。

① 大石洲：村名，与薛家园、麻篮洲等村属栗木镇。
② 岭尾村：原属栗木镇，后划归龙虎乡。

三根杉木来架桥，走一步来摇三摇；
阿妹要双连一个，一个才能连到老。

桃花过季满地落，花季一过就落寞；
往日花红人来看，今日哪有人问哥？

那年那月妹年轻，媒婆带哥去相亲；
少个猪头少坛酒，媒婆缺德没良心。

别家酒肉摆上桌，哥家捞米不上锅；
妹要嫁哥哥不讨，讨了也是养不活。

表哥是个死陀螺，要靠鞭抽才能活；
鞭子来把陀螺打，妹来帮哥洗脑壳。

上山杉木下山枞，妹家富裕哥家穷；
哥穷难连富家女，叫花哪敢占股东。

五里长街来赶圩，哥买牛崽妹买猪；
我俩还是各一套，心里无着空虚虚。

苞谷结子戴红纱，表妹不比别人差；
苞谷好过高粱米，只因苞谷打天花。

半山岭上砍绵竹，砍竹围园种葫芦；
种得葫芦好装酒，哪个得到就是福。

知书达理哥聪明，重仁重义重感情；
顾家爱老又顾少，莫怪妹我不动心。

妹脸红红桃子红，弯弯眉毛像把弓；
如同戏中林黛玉，又和西施有相同。

妹眨眼睛哥不懂，眼睛里头有内容；
你看那个孙猴子，看出几多假老公。

一个银毫换架犁，问妹心里知不知？
这犁就是妹爹送，小小红包给利息。

恁久不见哥的姣，害得阿哥好心焦；
谁知背哥另外嫁，酿水①柴火别人烧。

恁久没见哥来街，妹的铺门也没开；
哥你不来生意淡，生成合拢聚钱财。

哥屋有蔸月月红，又招蝴蝶又招蜂；
蜂来蝶去是好事，千祈莫招钻心虫。

几多家法把人害，狗吃粽粑就没解；
家法如同鹭鸶嘴，鱼到嘴里抽出来。

① 酿水：俗语，指柴禾水分重。

妹在一村哥一村，一日不见当三春；
妹扯由头去打酒，哥扯由头去备耕。

三个老虎一个豹，三个岩鹰一个鹞；
三个娃崽一个妹，总有一个最刁傲。

砍断枞树松油滴，离了郎家妹哭泣；
红颜薄命苦中苦，这个世界谁愿离。

情妹嘴巴莫浪刁，哥不喜欢不成交；
哪个菩萨敢开口，讲妹不是哥的姣？

想妹一天又一天，几多话语在心间；
眨眼引哥过来讲，免得闲人也到边。

竹子直直最简单，钩藤弯弯多麻烦；
哥心有话麻直[①]讲，酒醇不会把水掺。

莫扯淡，六月弹棉讲防寒；
手摸棉絮出汗水，还有哪个愿来弹？

庙里菩萨樟木雕，妹想烧香你就烧；
那年河坝崩了堤，哥不着急妹着急。

① 麻直：当地俗语，（说话）直接。

猫崽哪能见得鱼，老虎哪能见得驴？
钢钩诱饵逗鱼钓，愿者上钩不冤屈。

死不死来活不活，真话少来假话多；
要假就要假到底，好比戏台做公婆。

送妹送到单竹坡，我俩分手话更多；
莫像单竹空一世，孤孤单单在白活。

山边有朵百合花，我俩好好爱护她；
我俩要像她一样，百年好合结白发。

三月多是大雾天，出门难分左右边；
一差二错迷了路，走进人家小花园。

三月多是雨绵绵，哥种地来妹种田；
哥种旱地就要雨，妹种水田要晴天。

老虎不凶就是猫，长矛不险就是篙；
乾坤易改性难改，合了性格才结交。

同哥来到麻石山，找个麻石一百三；
别人用来打碓坎，哥讲打槽种牡丹。

岩壁上面落金鸡，说哥莫要太着迷；
过路姣娥大把有，那些都是别人妻。

晒出的酱生成相，不管外貌是怎样；
人要合时心要善，合手持家有保障。

三更半夜吹大风，吹倒屋后那蔸松；
松树吹倒可筛板，吹去妹仔增鳏公。

嘻嘻哈哈是谈天，吹吹打打是过年；
羞羞答答是恋爱，躲躲藏藏是通奸。

五月苍蒲叶尖尖，哥讲妹癫妹就癫；
妹是五月端午艾，不想倒挂哥堂前。

哥是蕹菜妹是葱，我俩心里都空空；
本想洞房结连理，爷娘没准行不通。

妹夫去了妹莫愁，妹夫不要有人求；
只有男人单身过，哪有女人空枕头。

柳树桃花望开春，大田大地望人耕；
妹能文来哥能武，只等爹娘来订婚。

17. 水推河边年年宽

（栗木镇唐金秀讲唱，田明月搜集整理）

高山顶上有条沟，那年手帕在这丢；
丢了手帕丢了路，连双路上冷湫湫。

水推河边年年宽，杉木架桥年年难；
河宽难选长条树，妹老难找少年男。

送妹送到明月洲，妹叫彩云把名留；
但凡我俩有缘分，彩云追月到白头。

阿哥来了妹出房，好比久雨见太阳；
哥手拿着油纸伞，妹说好像蜜糖香。

阿哥脾气好倔强，讲话像骨硬邦邦；
好比暴雨打花树，鲜花脆弱慢翻黄。

野菊花，生在路边刺篱笆；
生在路边给人看，有人讨厌有人夸。

寡寡鸡公莫嚣雄，一抓白米叫进笼；
年年有个七月半，杀了拿来供祖公。

寡寡鸡公偏要雄，到了麻黑进鸡笼；
寡寡鸡婆生寡蛋，还得找我寡鸡公。

一块大地四四方，妹来邀哥种高粱；
我俩躲进高粱地，欢欢喜喜结成双。

养条花狗去赶山，赶得野兔四处钻；
野兔逃到妹家里，抓兔不妨把门闩。

要巧不过果子狸，会爬大树会折枝；
十排套子套不到，还在剥壳还在吃。

天上星子一窝窝，七仙姊妹在一坨；
跌个六妹到地下，靠我穷哥来捡着。

白天看日夜看星，主要还是在看人；
妹看阿哥哥看妹，一天不见不放心。

妹家住在凤凰村，那天哥把大嫂跟；
大嫂问哥去哪里，哥要去把妹子寻。

恁大妹仔没嫁郎，一村都喊老姑娘；
恁大娃崽还没讨，一村都喊娃崽王。

听说邻村有朵花，花香十里都在夸；
谁知纸扎打香水，打了香水打红蜡。

和妹走到莲塘边，人也开心花也鲜；
莲花凋零还有藕，莲藕断了丝还连。

青皮蚂蚜莫逞雄，抓你放到鸭子笼；
到了夜晚吃了你，看你威风不威风。

送哥送到五里峡，满山满岭是野花；
哥讲花香脑壳闷，都是路遇没办法。

送妹送到观音阁，妹妹突然眼泪落；
哥问妹妹哭哪样，妹说不愿离开哥。

梨子开花把子长，妹仔大了要离娘；
妹仔大了要出嫁，嫁给阿哥把家当。

到了谷雨听娘话，接妹来摘谷雨茶；
谷雨茶叶细又嫩，越打越浓味越佳。

一扇大门向南面，打对狮子在两边；
破指滴血写保证，石狮为媒定百年。

这个年头不可靠，有人偷花又盗草；
防人之心必须有，虾子头上还插刀。

昨夜花园那堵墙，留下脚印一行行；
妹娘拿根扒火棍，说是来了黄鼠狼。

一杆鸟炮扛在肩，说哥老行莫乱偏；
莫给鸟炮走了火，无辜之人来受冤。

表哥这人真懦弱，喊他买马买错骆；
喊他去街接表妹，接来茶楼婊子婆。

江边滑石妹也过，走到这步挨不脱；
哥你要离妹无语，地陷墙裂难奈何。

不觉走到杨梅冲，杨梅结果红彤彤；
杨梅开花暗结果，把情留意在心中。

火烧荒山鸟乱飞，兵荒马乱妹吃亏；
妹不连人无处靠，娃落吊井无路回。

一蔸荷花水面漂，漂到岸边没人捞；
花无人捞随她去，随她港湾自发苗。

石岩猴子个个骚，表妹上山带把刀；
哪个敢来这撒野，不割耳朵也刮毛。

蚂蜗过冬洞里藏，二月才敢把嘴张；
且问恁久吃什么，定心丹在肚里装。

湖南郎，你住湖南粗石江；
赶圩要过鸟仔岭，下了岭脚出湖塘。

送妹送到定关坳，求求表哥把妹抱；
今日离别何日见？担心这个乱世道。

五月吃牛爱发疮，六月狗肉心火旺；
晓得人前讲味道，不知自己像哪样。

太平世界好谈情，没有险恶让人惊；
好比蜜蜂生活样，甜言蜜语在花心。

八字先生把人坑，哄哥哄妹不配婚；
既然他能算得准，问他几时进祖坟。

晌午边，晌午日头在中间；
人到三十无个嫂，骑马画圈好难圆。

心好心丑人人知，井边吊桶有人提；
妹有好心和好意，哥才来求妹做妻。

韭菜煎蛋喷喷香，久久情意久久长；
白菜还是久才好，要和韭菜封个王。

妹家门口有渡桥，经过唐朝到宋朝；
妹娘保持老调子，五雷轰来不动摇。

阿妹莫要厌瑶山，瑶山少灾又少难；
干旱三年不落雨，红薯芋头当得餐。

山头挖地种西瓜，滚瓜烂熟是情话；
讲来讲去讲发气，烂瓜没吃籽发芽。

人讲金子最值钱，妹讲金子不如棉；
有棉可换三冬暖，有哥可得一世甜。

山里老虎太凶狂，不是追牛就追羊；
哥你总讲功夫好，妹遇不测不帮忙。

挑担石灰去闹江，昏倒鲤鱼坝上晾；
鲤鱼死了妹捡起，眼泪流流把鱼葬。

（讲唱人：唐金秀，女，瑶族，栗木镇大合村人，已故。）

山上斑鸠叫咕咕，叫我阿哥做妹夫；
等妹到了十八岁，哥挑鸡鸭进妹屋。

最甜还是鹧鸪汤，最好还是路遇双；
扛把花伞前头过，哥好卜套连凤凰。

昨日来到大河边，阿妹等哥大半天；
阿妹等哥哥不到，眼泪落水水冒烟。

阿哥心思有点偏，喊他挖藕他撬莲；
哪点不合你的意，害的妹心总蒙冤。

八月十五是中秋，有人欢喜有人愁；
有人给妹送月饼，有人给妹送芋头。

这山看过那山蒙，那山有蔸八角桐；
妹在树下捡桐子，问妹路同是心同。

送妹送到五里田，常年四季水涟涟；
哥想一心送妹去，又怕别人多闲言。

送哥送到五里坡，再送五里不为多；
路上有人盘问我，就说表妹送表哥。

砍柴要砍布筲箕，连双莫讲矮高低；
食指伸出有长短，竹笋出土有弯直。

18. 砍柴妹仔嘴巴多

（栗木镇田日润讲唱，田明月搜集整理）

那边女子割芭芒，问你要短是要长？
要短你就过来搂，要长你去找牛郎。

那边娃崽真是狂，臭得好比黄鼠狼；
想来偷鸡又怕狗，三寸难扯两寸长。

猴子生来一身痒，狗崽生来拱粪塘；
你像南蛇进了洞，软成一坨卵名堂。

你这家伙莫乱想，哪家猫崽守哪仓；
你是别家野猫仔，想来你也没胆量。

心想来碗爽神汤，看你体格强不强；
爬山莫给大腿软，打擂莫给早退场。

桐子开花把子长，成天想你满姑娘；
半夜醒来人难受，孤单好比睡冰床。

桐子开花把子长，哥想妹想两荒唐；
妹打单身哥未娶，丢荒好田不种粮。

妹娘莫要骂妹坏，萝卜扯了眼古在；
哪个都有十八岁，都懂发烧难忍耐。

讲你莫把娘来怪，娘怕妹今受伤害；
有人偷桃踩断树，树死花落名声败。

砍柴妹仔嘴巴多，出门都爱讲别个；
要是嫁到我屋里，要你夜夜垫被窝。

砍柴娃崽嘴巴多，出口好比牛尿屙；
有胆你就过来讲，有刀你就过来磨。

岭边刺坡蒙又蒙，野鸡飞来刺坡中；
野鸡飞来妹莫怕，来的原因都相同。

刺坡旁边一蔸枞，山雀飞来是为虫；
野鸡飞来是为爱，为情为爱自通融。

上岭路陡又路弯，上到半岭脚又酸；
若是前头有个妹，一身劳累全松完。

砍竹砍到荆竹山，遇着笋子用手扳；
遇着情哥也莫哈，抓住机会莫孤单。

牛尾翘起是发骚，猪咬栏头是发飙；
鸡婆脸红是生蛋，妹有难言是扭腰。

牛牯癫了就乱撬，哥脑残了就乱摇；
老鼠饿了就乱咬，黄狗发情就乱交。

见妹生得白飘飘，江边过水手叉腰；
一手捞起大巴腿，围裙遮好凤凰巢。

见哥生得黑麻麻，好比破墙烂泥巴；
别人过路吊泡尿，看你日后花不花？

见妹生得脸红红，好比野鸡在田中；
哥扯粽丝做套子，莫给哥的鸟笼空。

见哥生得黄辣辣，好比菜园老南瓜；
我屋猪婆要下仔，喂饱才好生猪花。

见妹生得水灵灵，好比桃子吊树林；
哥想上树咬一口，又怕莽撞不当行。

见哥生得胖乎乎，好比水牯一身粗；
到时牛婆来走草，正好找你来帮扶。

情哥出门耍风骚，连双不得脾气刁；
妹今身有十八变，你能对付就来交。

随你变来随你嚣，随你变个什么妖；
哥是大圣拿妖怪，见事行事有几招。

哥你出来莫卵泡[①]，妹变毒蛇青竹彪；
溜到你脚咬一口，看你妹前骚不骚？

你这人来莫卵泡，妹变鲤鱼去弄潮；
等你渡船过江去，把你搞翻随浪涛。

不怕妹来这一招，哥有鹭鸶水上漂；
还有一张拦江网，挣脱鱼鳞也难飙。

① 卵泡：当地俗语，喻指嚣张。

你这人来真是傲，妹变黄蜂钻你腰；
给你不妨叮一口，让你一身肿泡泡。

看见你就卵火毛，妹变蜈蚣巴饭瓢；
又变骚甲[1]碗柜跑，又变老鼠来耍猫。

哥有烟火天天冒，还有木猫在暗道；
熏得蜈蚣骚甲死，拦得老鼠没路逃。

哥你真是不好撩，妹变蚂蟥千百条；
又变波丝又变蝎，变虎变狼变成蛟。

妹你心变乱糟糟，随你变出哪一招；
你变害虫你变莽，哥有胆量把天包。

妹变大雨再变潮，再变冰雪变风暴；
再变高温和大雾，要你一世不逍遥。

哥是大山坐得牢，风吹雨打不动摇；
今生追妹追到死，看你和哥交不交？

日头出山一点红，情哥真是不通融；
桃子熟了快落地，口水流了几口盅。

① 骚甲：方言，指蟑螂。

那边有块烂蓑衣，晓得哪屋哪家媳?
哥想过去捡起用，又怕别人讲偷的。

那边有个花公鸡，割了两颗不会啼；
妹想养起来配种，这样搞起好可惜。

灵芝还是野的贵，笋子还是野的脆；
野的好吃不用管，还是越吃越有味。

情哥真是想得美，无本生意你没亏；
亏了你还说出口，人家跟你睡草堆。

那边妹仔嘴巴长，不是克爷就克娘；
还不快点嫁出去，莫在老家睡老床。

那边妹仔嘴巴宽，难怪十八还打单；
再过两年人老了，想来找哥也麻烦。

情哥是个酿水瓜，讲也差来做也差；
哪个妹仔嫁给你，当真牛屎插鲜花。

情哥你这老王八，又会装死又会爬；
那天我走沙洲过，差点钻进我裤衩。

情妹是个老妖精，又好色来又贪心；
耍了一个丢一个，看你做得浪绝情。

情哥毛病实在多，不如死去莫再拖；
要死不生来连妹，可惜好花受折磨。

妹的心思实在怪，半夜烧香哄鬼来；
平时对哥没好脸，想要哥了就来挨。

鲢拐长角蛇长毛，泥鳅长鳞虾长獠；
哥你神经有点乱，再不去医就成痨。

打瓦下江有点飘，隔河望妹好苗条；
心想喊妹过来耍，那个野仔又去撩。

牛有激情尾巴翘，猪有激情栏里嘈；
狗有激情嘴巴咬，妹有激情脸发烧。

红薯生在泥巴堆，情哥生在烂竹围；
别个男人好懂理，哥是烂仔乱作为。

说声情妹你莫嚣，有钱有势自称高？
阿哥虽然砍柴卖，日子过得好逍遥。

昨日妹娘失了鸡，问哥心里知不知；
哥若知道就早讲，这鸡迟早属别人。

哥的嘴巴五寸宽，花毛料嘴①还打单；

①花毛料嘴：当地俗语，指年轻不懂事而说话，也指油嘴滑舌。

光是会讲不会做，哪个见到不心酸？

想妹难，哥想架桥河又宽；
河宽没有长杉树，家贫没有女人欢。

想哥难，荷叶当帽被风翻；
好货半路抢完了，选剩东西总是残。

狗婆生崽最凶恶，猫婆生崽到处挪；
妹娘生妹四处野，哪有一回轮到哥？

石岩里头放风筝，哄妹寻来哄妹跟；
抬头低头都难受，还讲和妹到永恒？

石岩跑步叫人昏，悬崖跳舞叫人沉；
江边滑石哄哥踩，还讲和哥百年恩？

一条牛尾三尺长，妹丑要怪妹的娘；
妹娘养妹没教好，成天发癫又发狂。

一条牛尾三尺长，哥父养哥像饿狼；
不三不四不像样，十七八岁穿开裆。

妹莫嘈，养牛莫讲牛牯骚；
牛牯不骚哪有崽？情哥不骚哪有姣？

哥莫刁，哥你是只老野猫；
妹身如同铁夹子，撞上你就死难逃。

鱼鳞贴墙怕猫爪，茅草盖屋怕火烧；
哥想连妹怕妹哄，熟透梨子怕风摇。

池塘养鱼怕人钓，脸上贴金怕人瞄；
妹想连哥又怕要，不是真心懒得交。

造孽哥，人过三十无老婆；
禾草枕头扎两个，夜夜都往一头拖。

哥做错，前世打烂香炉钵；
你想连妹就发誓，爱妹同到头发白。

妹傻瓜，三十多岁不嫁娃；
早嫁人家早生崽，不嫁不生老妈妈。

哥才傻，妹若早嫁早当妈；
牛穿鼻圈受人管，面黄肌瘦豆腐渣。

白鸟落在田埂边，哥打一炮又打偏；
晓得早来放套子，早就中了那圈圈。

白鸟飞过那块田，又有茭笋又有莲；
再多东西妹无份，此生和哥无姻缘。

新打草鞋四根纲，问妹是否要一双？
布筋搓在黄麻里，情话还在心里装。

新打草鞋紧邦邦，哪个草鞋不是双？
脚穿单鞋难走路，世上生成行配行。

没得法，扁担不扎两头刷；
秤砣不跌秤钩断，随她妹娘学利辣。

没得法，石板不滑鞋底滑；
黄桶不散箍子散，棒打鸳鸯也随她。

搞得差，萝卜变了满月花；
泥鳅游进别人筌，情妹进了别人家。

搞得差，竹笋变了马鞭芽；
大半老鞭小半嫩，妹无缘分莫怪它。

一条鸟炮三尺八，哥去打鸟眼力差；
躲在刺坡扣一火，打死妹家大洋鸭。

这个鬼仔要挨打，打妹鸭子要惩罚；
打死一个赔三个，叫哥亲自送进家。

哥打野鸡打断脚，一翅飞往妹田落；
野鸡落下给妹要，哥想要个妹姣娥。

情哥向来鬼点多，天上飞鸟哄得落；
海里鱼崽哄上岸，山里乌龟哄进锅。

人爱漂亮水爱清，米爱白净衣爱新；
情哥就爱漂亮妹，如喝酽茶才爽神。

狗爱臭食猫爱腥，小姐就爱戴金银；
妹爱情哥如猛虎，叼起羊婆能远行。

吃了柑子想吃梨，吃了梨子想马蹄；
连妹一个想二个，总想尝新才甜蜜。

19. 有心连双不怕穷

（栗木镇张海波讲唱，田明月收集）

月亮出来亮皎皎，手想捧月恨天高；
哪个降得月亮矮？妹就同他来相交。

想妹想到肝肠断，望妹望到筷子弯；
妹你好比凤凰鸟，不知落到哪一山。

新做木船亮堂堂，从头到尾两丈长；
只要情妹跟哥走，哥要护卫妹过江。

日头出山半树阴，一半冷漠一半情；
哥你好比冷那面，总没见过这种人。

日头出山半树明，一半向阳一半沉；
妹你就是沉那面，这样对哥真不行。

一条小河水长流，哪时流到妹屋头？
哪日遇到妹挑水，哥愿变鱼水桶游。

一条小河清悠悠，水流经过妹沙洲；
哥若变鱼妹变草，给哥一口到心头。

火烧生地撒油麻，生死要跟哥一家；
十把劈刀胫骨架，没得一把妹怕它。

同妹共水一条江，还想同妹一个缸；
还想同妹一个灶，更想同妹一铺床。

敬仙要敬何仙姑，她来做妻我做夫；
神仙最爱风流事，达到成双才知足。

出门戴个竹叶帽，莫讲表妹恁闷骚；
妹骚只骚哥一个，不像牛婆到处掏。

情哥生成像条蛇，又怕冷来又怕热；
连双又怕别个讲，离开又怕别个接。

绫罗绸缎妹不爱，金山照眼妹离开；
妹想寄生巴在树，生为树身死为柴。

天黑走过栗木街，别人问哥去哪来；
哥今去哪你莫管，各人都有私安排。

天黑走到庙门前，想去会神想会仙；
想去会个姣娥妹，搭着半夜才好连。

坐马下河怕马飙，坐牛进洞怕牛抛；
前怕龙来后怕虎，哪敢和哥打保镖。

鸡公一叫天就光，妹在房中心发慌；
昨夜留哥妹房住，今早送哥爬后窗。

摘朵桃花放水中，哪里能把水搞红？
妹若没有真心意，搂在腰间也落空。

上园韭菜下园葱，哥心妹心点不同；
哥想起得金屋住，妹想找个好老公。

杨柳树下有条根，那年同妹吵又争；
如今想来好后悔，后悔当年把手分。

一条小路坑连坑，哥你走前妹后跟；
跌跤十次妹不怕，连双路上要知恩。

没得法，小小锅崽打油茶；
妹你若嫌哥家苦，另外去连富家娃。

隔岸看见鲤鱼飙，妹在这边好心焦；
一怕脱鳞伤了体，二怕别人鱼绞捞。

十里吹风九里香，妹家到底搞哪行？
妹家若办出嫁酒，哥会一世把心伤。

没有忘，没忘哥那荷花塘；
那年和哥同种藕，藕断丝连日子长。

讲哥做事乱糟糟，亏了你娘把心操；
亏了媒人跑断腿，哄人灯草来架桥。

妹仔生得实在刁，画眉来叮红辣椒；
辣椒当作是红枣，嫁错他人一团糟。

昨日走来仙姑庙，香纸蜡烛对天烧；
若还哥碰桃花运，建个新庙比山高。

哥牵白马妹牵羊，我俩顺手牵成双；
成了才跟媒婆讲，别人来问讲假装。

好米还要好木碓，好女还要好哥配；
好花插在牛粪上，不是人累就心累。

荞麦开花串串红，有心连双不怕穷；
结交只选哥心好，强过百万大富翁。

月亮出在东山头，今夜我去把妹求；
买条手帕送给妹，拉着姣娥江边溜。

樟树青，樟树老了有妖精；
樟树有妖哥不怕，连双就怕妹变心。

初学打铁不会敲，初学做粽不会包；
就是谈情来说爱，红着脸皮不用教。

养鸭就想鸭下蛋，连双就想有个伴；
人生在世为哪样？一起上船过对岸。

当初廊檐把妹邀，走了夜路过夜桥；
如今木桥变石板，爱情还是不动摇。

挖地郎，锄头落地泥土黄；
锄头落地出金子，换了金子讨新娘。

挖地郎，锄头落地就是双；
满姑要嫁老实汉，苦做苦吃就是强。

今早出门望下天，早红夜雨是常言；
夜雨凄凄担心妹，妹娘管妹实在严。

弯弯小路砌花阶，砌得漂亮等妹来；
哥家贫穷妹走路，没有大红花轿抬。

送妹送到西边塘，妹你回去莫要忘；
世间好多假情意，摆着阔子套凤凰。

送哥送到西边塘，两边蒙蒙是芭芒；
芭芒叶子比刀利，路过旁边多提防。

那好满姑不出门，只在楼窗眼睛横；
莫是家人管得紧，莫是躲起在私生？

嫂嫂搓线妹齐麻，慢慢教会姑娘家；
到时姑娘嫁出去，给人处处讲不差。

红薯田，红薯苗子根根连；
种薯之人教会我，为何逗妹来面前。

关帝庙，你也烧香我也烧；
世间人情靠不住，妹才孤零无依靠。

人好不讲吃和穿，能饱能暖像神仙；
哥无真心来对妹，万贯家财也枉然。

赶牛过路嘴戴箩，莫给牛崽乱吃禾；
偷吃禾苗逗人骂，如今人前是非多。

莫要逗，晓得有田晓得沟；
哥你心里晓得妹，晓得尾来晓得头。

讲过的，讲过妹仔做哥妻；
三年好快又过了，害得心里干着急。

过江捡个鸭蛋回，哥在后头跑步追；
再追两步妹就打，再追一寸妹就捶。

背个鱼鼎去河边，捞点鱼崽放猫前；
哪个讲妹人难看？腥味同样逗猫舔。

想吃笋子三月三，想吃螃蟹江石翻；
想连姣娥哪里有？想了半生还打单。

七根竹子做竹排，天天河边等妹来；
等到哪天涨了水，歪歪撞撞把妹挨。

桐子开花把子长，旧时也有风流郎；
看过夜狗钻过洞，见过夜猫跳过墙。

一杯凉水摆路旁，妹家女多要招郎；
找根好的撑门杠，哪样都来给妹扛。

陪妹走到李子园，三月李子不曾甜；
望妹回头多忍耐，管好塘里那朵莲。

一条小路石砂填，马坪通进黑木园；
路上踩满哥脚印，可惜无缘和妹连。

栗木街，走烂几多绣花鞋；
几多石头当凳坐，天天等情情不来。

瞄眼情哥瞄眼郎，眼花难分妹的双；
连双最好莫搞错，免得误会那铺床。

妹风流，楼台晾衣慢扭腰；
你娇你就出门口，捞起两个凤凰包。

送妹送到甘蔗田，妹讲这竹好围园；
妹你一错又再错，白日进岩黑了天。

莫扯大炮哄来姣，哄得一朝是一朝；
哄得一回妹走了，看你耍不耍花招。

瓦背高头放灯台，看看妹心歪不歪；
风雨打来不移位，到时大红花轿抬。

哥在山头吹木叶，妹在山脚把音接；
别人讲是画眉鸟，正是交配好时节。

这塘望见那塘红，望哥莫把心想空；
世间女子多的是，是人不是生猪公。

妹你有耳莫装聋，哥家虽然好贫穷；
哪个富人富到底，哪山桃花四季红？

见哥生得这样标，难怪招妹来相交；
人也合时心也好，对人眼角也不高。

天上起云山起风，妹心起变话不同；
当初句句讲哥好，现在声声讲哥穷。

天上起云云起风，乌云滚滚雷声隆；
本是小事变大事，赶马过河遇着龙。

那条牛牯角弯弯，昨夜发癫撬开闩；
偷了禾吃还不算，闹得妹心不得安。

哥想情妹多办法，故意河里去捞虾；
见妹河岸洗衣裤，抓个江石喊王八。

天不下雨井水干，妹不谈情心孤单；
哪个都有十八岁，桃花开时想露沾。

人家养狗来守屋，妹家养狗陪妹哭；
黄狗时时叹大气，恨死家妹找错夫。

何曾见过鱼上岸，今日看见鱼上山；
鱼上高山妹上岭，含含糊糊也得玩。

养牛不怕牛角尖，妹有棕索又有鞭；
鞭打懒牛去耙地，牵牛鼻子去犁田。

竹子种在水塘边，又有笋子又有莲；
哥摘莲花妹扯笋，我俩好找借口连。

那讲情妹有良心，方圆十里多情人；
好比蝴蝶飞花里，朵朵相依朵朵情。

石榴花开红艳艳，哥想摘朵难拢边；
围墙高出三丈五，想来打洞又是砖。

石榴开花红又红，几时得妹来相逢？
几时和妹来相伴？妹讲哪门都依从。

和妹认识才一天，好比认识有一年；
妹说我们在前世，观音庙里定了缘。

当初许愿在南山，猪头一个酒一坛；
若还哪个心思变，三生三世还打单。

前朝山伯和英台，生不同婚死同埋；
死后变作鸳鸯鸟，千秋万代不分开。

山路弯，山路弯弯上柴山；
哥走山路砍柴火，妹走山路把笋扳。

燕子鸟，秋去春来住旧巢；
去了去了又来转，新的哪有旧的好？

前世烧香忘烧纸，今生解开这秘密；
今生婚姻好命苦，妻在东来夫在西。

哥买锄头三斤三，害得妹今手拿酸；
手酸手胀不要紧，最好莫给妹心寒。

当初总讲心一条，哪知水去留下桥；
水去永无回头路，枉留石桥不动摇。

五更鸡崽叫吱吱，叫得妹心更孤凄；
想起男人变心快，昨日共枕今分离。

补锅郎，挑起大炉走哪方？
妹家钯锅哥打烂，哪人补好另成双。

一条大路去观音，不为别样为相亲；
观音找个瑶家妹，瑶妹苗条又水灵。

妹妈养个好公鸡，开口一叫月落西；
开口一叫妹无主，怎样才舍哥分离。

送妹送到茶籽林，叫妹莫怕慢慢行；
叫妹莫怕慢慢走，哥在暗里送真情。

陪哥陪到这条沟，想起那年盘泥鳅；
妹不小心跌下水，哥搂妹身有何羞？

天黑走路妹留神，莫要走走又停停；
十字路口风尘大，莫要染个坏名声。

哥倒霉，挖地挖错人祖堆；
抓去妹屋去认错，从此当奴把妹陪。

妹倒霉，喜鹊落地人赶飞；
本来大事已下定，家人忘记谢大媒。

过去和哥感情深，金鸡飞去凤来寻；
如今情哥变心了，雨打冬鸟各自分。

记在心，这世只记妹一人；
排名刻在石碑上，有缘无分也记情。

手拿手帕想起郎，桌上摆碗想起双；
千年筷子总成对，男欢女爱渊源长。

（讲唱人：张海波，女，栗木镇人，中学教师。）

20. 唱歌解得几多愁

（莲花镇赵进才讲唱，黄连芳搜集）

山歌好唱口难开，柿饼好吃树难栽；
白米好吃田难种，妹今好讲哥难来。

唱歌好，唱得牡丹朵朵开；
唱得人人脸带笑，唱得我俩坐平排。

妹会唱歌妹会推，妹会连双妹会陪；
竹竿上面晒灯草，真心哪怕大风吹。

哥得罪，哥今得罪妹一回；
莫恨生铁不成器，靠贵耐烦多下锤。

火烧芭芒一堆灰，我俩连双不用媒；
不用酒肉过大礼，唱首山歌带妹回。

山上木叶落成堆，有心唱歌就学吹；
哪时吹得木叶叫，花开引得蝴蝶飞。

唱歌一句连一句，打鼓一锤接一锤；
不信你看车筒水，一筒去了二筒回。

初学唱，好比鸟崽初学飞；
也算今朝真有彩，初遇山中老画眉。

有歌唱出不怕丑，短笛横吹不怕羞；
谁人拦得风流路，除非黄河水断流。

出门人唱我也唱，见到好歌也恋愁；
家中又无隔夜米，几多怄气在心头。

唱首山歌解个闷，喝杯凉水浇心头；
凉水解得心头火，唱歌解得几多愁。

哥爱唱，烂扇无风哥爱摇；
好像鱼崽爱清水，好像天鹅爱飞高。

不唱山歌不新鲜，人不风流枉少年；
光阴如梭过得快，枉费为人在世间。

不会唱歌得罪人，不会烧香得罪神；
不会唱歌没懂礼，金鸡难配凤凰鸣。

特意来，特意来找河边柴；
特意来找河边笋，要找特意唱两排。

丢久未见情哥伴，今日见到摆歌台；
三年竹蔸寻嫩笋，又想好歌邀拢来。

贵唱好歌像弹琴，见了好歌见好人；
我是无歌全靠贵，拿块砖头换黄金。

山歌不唱闷沉沉，大路不走变生林；
锄头不用生铁锈，铜锣不打起灰尘。

风吹马尾千条线，高机打布万条纱；
不知贵人是贵处，不知何方是贵家。

出门捡得龙须锁，有锁无匙打不开；
十字街头人出榜，榜上无名哥不来。

祝英台，问你船来是路来？
船来摇断几多浆，路来走烂几双鞋？

妹你天生这样乖，见有人来把脸歪；
讲古论今放心讲，山伯正遇祝英台。

遇着了，好像银壶遇金杯；
今日特地来相会，平生难得这一回。

剪刀不利难开口，急水滩头难下钩；
想打麻篮又不会，望妹同哥起个头。

心想上天天又高，心想过河又无桥；
我想唱歌难开口，靠贵起头过来邀。

三根竹子一样高，砍根竹子来做箫；
肚里无文难开口，石板砍鱼难下刀。

初来耍，手攀花枝初来玩，
金鸡初到凤凰岭，黄猄初到鲤鱼滩。

初相会，白鸟初初会鸳鸯；
本想大胆问一句，又怕人多话不香。

今日与贵初相会，难得六月天上霜；
难得海边见龙跳，难得青山见凤凰。

初相会，蜜蜂初会夜兰香；
不是今日才知贵，久久知贵远名扬。

公鸡不叫毛不松，母鸡不叫脸不红；
天上有云必有雨，树尾摇摇必有风。

初见兄，手巾下水初相逢；
今日歌场初见贵，蜜蜂初见石榴红。

初相见，麻雀过界初相逢；
今朝初见歌师傅，初初相会老英雄。

问贵姓，花生生在哪条藤？
妹今住在哪条巷，哪条巷子是贵门？

石榴开花叶子青，贵今来问妹姓名；
我家住在广西省，名字叫作唱歌人。

初会问妹什么姓，初逢问妹什么名；
问妹大名问妹姓，下回相见好喊声。

风吹木叶落成堆，思情莫把话来推；
哥的脸皮薄如纸，不敢问妹第二回。

小小金鱼小小精，小妹真的会妆身；
小小情妹会打扮，妆身打扮去连情。

讲真话，有心有意妹筛茶；
八月芝麻会开口，六月莲子会开花。

双手去接妹的茶，碗里开满宝莲花；
今朝接了妹的礼，不知哪日哥报答。

妹在大路哥在坡，想连妹身人又多；
假装发痧咳冷嗽，咳声冷嗽见姣娥。

妹在田中打眼角，哥在路旁打眼姣；
抬头走路低头想，花在高枝无奈何。

八仙桌子四个角，同桌歌伴把酒喝；
有话当面对哥讲，不必怄气在心窝。

哥妹真情共一桌，酒到嘴边哪没喝？
天上星星伴月亮，地上秤杆伴秤砣。

见妹忙忙像赶路，手中提酒又提肉；
正想和你打合伙，可惜初见还生疏。

老糠怎敢充白米，鸭崽怎敢充金鸡；
初生牛崽刚下套，还望过来帮扶持。

十七十八花一枝，正当买马正当骑；
若还不信抬头看，红日暖暖快落西。

唉声叹气无主意，无人通话给妹知；
托话又怕话不到，寄信又怕信丢失。

没怪妹，人望高来水望低；
哥今是个种田汉，难怪油茶妹不吃。

原本应该真应该，妹你吃茶哥就筛；
双手接茶望杯底，看着杯底有花开。

石板面上种姜芽，人讲不生我也栽；
生疏姣娥我也问，好比山伯问英台。

八月十五近了来，不见情妹去赶街；
托话又怕人漏嘴，寄信又怕人乱开。

妹在上江撑船来，哥在下江撑竹排；
竹排也到船也到，浪花开来心也开。

出门捡得一节藕，见藕有丝哥才栽；
昨夜得妹一句话，话中有意哥才来。

双手捧酒递给妹，甜酒甜心满心怀；
若还妹没接哥酒，下次再来哥不陪。

你莫推，莫怕茶淡喝一杯；
好意端茶来敬妹，免得出手难收回。

龙眉凤眼献金杯，问你今去几时回？
路上金花乱开采，家中还有一枝梅。

竹子做筷望做杯，慢来喝来慢来陪；
酒不醉人人自醉，真心一片几难为。

实在你的酒量少，多吃红脸像樱桃；
今日心欢吃半碗，头重脚轻走路飘。

酒量算得我是高，好酒能喝两三瓢；
平酒能喝八九碗，踩着老虎我当猫。

大海中间龙王庙，五湖四海水来潮；
人多难讲知心话，水深难架洛阳桥。

有心不怕路遥远，真心不怕路途遥；
一片真心来到此，何愁千里路迢迢。

砍柴就用利勾刀，撑船就用好竹篙；
连双总要好主意，免得灾难自身遭。

灯盏无油望月亮，身上衣少望暖天；
鼎锅无米望禾早，哥是无双望妹连。

那还讲，得哥连妹那还嫌；
若是得哥来连妹，黄连伴酒也心甜。

原来苦瓜它是苦，舍得油盐苦瓜甜；
舍得谈来心就软，舍得干柴火就燃。

相爱走路小心点，莫给石头碰脚尖；
新起情楼茅草盖，小心点火过屋檐。

日头落岭天过天，花开花落年过年；
再过两年人老了，三月介菜去塘边。

来路远，棉花纺纱来路长；
桅杆高头点蜡烛，望你照顾远来双。

人走大路妹走旁，几时得走路中央？
正想上前问一句，又怕人贱话不香。

高山岭顶种蔸松，风吹落叶满地红；
哥想进去花园看，水泡阳桥路不通。

白纸写信红纸封，托人送到妹手中；
家里人多莫开信，夜里明灯慢相逢。

一个茶杯是普通，妹把情茶筛给兄；
再三推辞不饮用，是嫌韭菜是嫌葱。

妹拿茶碗白蒙蒙，双手递来茶一盅；
哥不嫌弃就接起，好心一片妹轻松。

情路这条哥砍开，妹今常去我常来；
妹今常望哥常盼，同心常望莲花开。

扛伞过桥桥底阴，望见鲤鱼头戴金；
哥想一心来撒网，命不吃鱼网不沉。

一对鲤鱼乖又乖，摇头摆尾滩上来；
哥今不是吃鱼命，手拿渔网撒不开。

我俩连情偷偷耍，杨梅结子暗开花；
哥是深情妹好意，好比园中蝶恋花。

新起门楼缺少瓦，无双流浪不成家；
飞蛾飞到灯台下，一夜行游马灯花。

路远迢迢难见妹，鱼下深潭难下叉；
梦中如同亲眼见，可惜难和妹成家。

有有无无莫管它，荣华富贵水中花；
鸭崽无娘也长大，几多白手也成家。

四两黄金怨命薄，日在天空手难摸；
妹今虽好是人好，四两黄金不到哥。

慢慢讲来哥有理，装聋作哑有谁知；
好比酒醉心头醒，如同井水岸中移。

人过五十得半世，日头斜斜要落西；
日下西边来日转，老来哪有转少年。

正好鲜花人摘去，正好白马人已骑；
手将大腿拍一下，恨哥脚短到来迟。

好花生在人园里，心想摘花隔树枝；
竹筒装米鸡难捡，只好低头抵肚饥。

帽子无顶也得戴，苞谷煮粥逼到换；
铁树夹在花园里，不知哪年花才开。

一更人睡哥不睡，二更人回哥没回；
三更还在妹门站，受到几多冷风吹。

哥是路边一枝梅，无人管来无人围；
妹靠带回后园种，免得路边冷风吹。

讲起单身实在亏，一筒白米自己煨；
煨到半夜火黑了，擦干眼泪又来吹。

不怕丑，甘蔗出园莫怕羞；
木头搭上千层板，才能搭上顶天楼。

八月十五是中秋，有人欢喜有人愁；
有人吹哨来平气，有人枕上泪双流。

竹子当收你不收，笋子当留你不留；
年轻好耍你不耍，讨得愁来捡得忧。

马无笼头到处走，哥是无双到处游；
好比浮萍飘水面，浮到江边随水流。

出门人笑跟人笑，回家人笑哥低头；
明处点灯暗处望，为情眼泪拌灯油。

水影花枝鸟难站，井下月亮手难捞；
出门望见人双好，手指月亮望天高。

拿棒进园打李子，人人都讲我偷桃；
跑进羊栏去躲雨，白白捡得一身骚。

高山岭顶种杨桃，无风无雨动摇摇；
可恨花高人又矮，手摘不到好心焦。

夜了天，蚊子出来叫连连；
有钱的人买蚊帐，我是无钱熏艾烟。

天唉天，胡须生在嘴巴边；
为何不生头顶上？给哥再当青少年。

西瓜种在苦瓜园，又种八角在园边；
西瓜香瓜人吃了，还剩苦瓜在菜园。

哥无份，江边撑船哥无缘；
手拿菜种园中撒，大风吹过别人园。

妹无份，墙上种菜妹无缘；
手拿菜种随风撒，不知风吹哪一边？

大江水，没有水车难上田；
东岭画眉西岭叫，无媒难得拢身边。

无福莫讲那一些，墙头种菜真无园；
屋顶种瓜又无水，得不得吃全靠天。

五更鸡崽叫连连，我们唱歌好新鲜；
世上三年逢一闰，为何不闰五更天？

帽子烂了戴帽圈，衣裳烂了草来连；
裤子烂了麻布补，哥打单身好可怜。

岩洞里头栽竹笋，今生难得出头天；
无钱还有人借点，单身打得真可怜。

岩洞晒谷不见天，正好长江水也漩；
人多难说知己话，短棍打蛇难拢边。

苦瓜苦，舍得油盐苦瓜甜；
舍得银钱交得友，舍得干柴火就燃。

你一边来我一边，得讲笑话没得连；
出门哪个不讲笑，不讲笑来难过天。

盐碟栽花福分浅，杉树烧炭炭黑先；
哑子手拿一双筷，心想成双口难言。

你发癫，八十还想和妹连；
胡须长在马屁股，留给后生扯二弦。

独木架桥单对单，走到中间难转弯；
火烧竹子空筒炭，想起成双也恋难。

实在难，好像鲤鱼跳河滩；
上滩又怕鹭鸶打，下滩又怕网来拦。

天上起云云起斑，连夜围园种牡丹；
连夜围园连夜种，看花容易栽花难。

石板高头晒灯草，细雨连绵晒不干；
骑马上山腰带断，上也难来下也难。

下雷鹦鹉排头站，为双抵饥几多餐；
六月禾黄下沤雨，为晴吃饭实在难。

孤单不过哥孤单，自己开门自己关；
心痛无人问一句，有米无人煮一餐。

鸳鸯怎敢比凤凰，柴火哪能比桂香；
毛笔倒写怎成字，怎比贵歌有文章？

今年下雪今年冷，不曾和妹讲凄凉；
江边鲤鱼雷打死，两眼不眯出冷霜。

单身哪样对谁讲，孤单也是好凄凉；
舂得米来不会簸，一半米来一半糠。

别人有妻嫌夜短，单身无妻嫌夜长；
鸡叫三遍来睡觉，鸡叫五更又天光。

九月桂花是重阳，重阳熬酒桂花香；
别人饮酒夫同饮，妹今做酒少人尝。

可惜了，起屋无瓦可惜墙；
画鱼无水空作浪，绣花虽好不闻香。

野芙蓉，可惜生在刺蓬中；
若还生在当阳处，雨水调匀花更红。

大海中间放浮筒，大风吹来影无踪；
只因妹今福分浅，无缘难钩海中龙。

总不买肉口袋空，总不连双也是穷；
总不风流也过世，草不发芽也过冬。

可惜了，可惜人同命不同；
可惜新屋盖旧瓦，可惜好花陪秋风。

日头落岭处处阴，处处鸟崽归树林；
鸟崽归处有双对，哥今归处是单身。

头发不梳根根乱，衣服不洗有灰尘；
人家讲妹那么懒，妹今无双懒妆身。

昨夜火烧花婆庙，因为花婆没公平；
今得男多女太少，哥今还是打单身。

昨夜火烧对门岭，今朝看见草又青；
嫩草盖过老草屋，青年赛过老年人。

脸上胡须能剃去，就是皱纹难抹平；
当务之急成双配，叹息人有几多岁。

双鸟双双去投林，做鸟也不愿单身；
两个枕头一人睡，你讲伤心不伤心。

云彩开花空见彩，海底捞月空起心；
妹园有棵常青树，几时将到单连荫。

严冬寒雪冷清清，脚底无鞋冷到心；
哪个同哥做双鞋，永世不忘她恩情。

江边等妹冷清清，没见妹来冷到心；
石板踩成牛脚印，蚂蚁踩死几多斤。

丢丑已经丢了丑，扬名已经扬了名；
牛吃麦子踩成路，牛贪麦草妹贪金。

当初哥讲什么话，愿写合同给妹拿；
清明过了等谷雨，为何春到不开花？

路过塘边哥的家，没得好酒请喝茶；
茶是山中木叶水，水是田边糯米花。

吃茶口口吞下肚，吸烟口口吐梅花；
拿伞出门哥吩咐，连情早望妹成家。

陡壁石崖攀鸟窝，胆战心惊难下脚；
进退两难脚打抖，望妹牵藤来救哥。

买米要买一色白，连双选个好角色；
十字街头背褡裢，旁人取笑也值得。

妹在一家哥一街，几时起屋在一排？
几时得妹平排起，廊檐交界互相挨。

见妹生得白幽幽，好比田中嫩禾蔸；
哥今若是河边草，风吹草尾两相勾。

天上起云风打开，正好晒谷正好筛；
哥是路边甘蔗尾，望妹拿回园里栽。

鸭子下塘无娘带，孤身全靠水塘挨；
妹是旱塘花一朵，望哥拿去井边栽。

远见那边花一排，越看情哥心越开；
好米难得一锅煮，好花难得共盆栽。

隔河看见桃花开，哥想连根扯回来；
哥想扯回连夜种，连夜浇水望花开。

登上云梯望四海，望星望月望妹来；
不望妹来把米煮，望妹甜言宽解怀。

早晨吃饭打破碗，夜间喝酒打烂杯；
爹娘骂我败家子，好比预测妹就回。

金鸡拍翅上墙头，口含花枝唱歌忧；
可惜是人没是鸟，是鸟跟哥四方游。

高山无路哥开路，平地无沟我开沟；
开路为双妹常走，开沟只望水长流。

人行大路随他走，神像观音哥也求；
神台点灯无灯亮，望月团圆照九州。

出门看见对门坳，阳花小鸟去吃桃；
妹今后是鸳鸯鸟，飞来哥妹共一巢。

叹妹生得好身腰，行路无风无比娇；
哥若变条罗裙带，日夜都来把妹包。

种棉总望树结果，种栗总望树结苞；
连双就望成双对，不成双对枉心抛。

大河涨水浪滔滔，扯起风帆比天高；
我俩造成人都晓，何必再等那一朝。

妹是好花在后园，哥是莲藕在塘边；
几时移花排藕种，花更香来藕更甜？

踏上云梯去望天，梯短怎能到月边？
高山眼望长江水，喉干难得到跟前。

上街买布看布边，手拿尺子讲价钱；
哥若喜爱红花布，时时挂在妹双肩。

妹想变，石山想变烂泥田；
画眉想变青龙马，任哥骑来任哥牵。

蛇过田基坎过坎，鹭鸶打鱼滩过滩；
蜜蜂寻花坳过坳，哥想妹来山过山。

上塘有水下塘干，望天落雨是蛮难；
哥塘有水来打救，莫给鱼花把肚翻。

妹像鸳鸯不一般，我俩变鱼共一滩；
妹若变成青山树，哥就变藤把树攀。

燕子飞高跌水滩，一身又冷又怕寒；
望妹好心来打救，双情恩义重如山。

哥晕头脑睡得慌，错把神台当作床；
梦抱菩萨亲个嘴，风流迷哥又遭殃。

有情有义好商量，情哥是个好儿郎；
若还得哥成双对，吃粥调盐也是香。

登上云梯看电光，织女吹箫等牛郎；
筷子跌只高台上，靠妹捡起得成双。

爹娘生妹桃里红，脸像桃花额像葱；
几时变得妹衣领，紧扣时时不放松。

实在难，难变雨来难变风；
几时变得金戒指，时时戴在妹手中。

种竹就望竹发笋，种柳就望柳成荫；
连双就望成双对，成双成对立家庭。

愿妹生来愿妹死，愿妹死后变男人；
妹变男人哥变女，看你求人不求人。

心想栽花花不发，无心插柳柳成荫；
莫怪园中粪水少，又加雨水没调匀。

芥菜好，几时得吃芥菜心？
几时得妹共屋住？洗脸共盆共手巾。

六月日头晒妹胫，晒黑妹胫痛哥心；
哥若能把乌云挡，一朵祥云遮妹心。

妹是南海观世音，哥是唐僧来取经；
望妹开通相思路，开条思路给哥行。

身在那边花一场，只见隔河水又深；
想变鸟来又无翅，想变鱼来又无鳞。

莫想她，口干莫想那杯茶；
止饥莫想那碟菜，风流莫想那枝花。

想妹想得一身痛，一身都是铁斑麻；
扶棍出门人又笑，空手步行眼又花。

手拿烟筒思想火，口含黄糖思想茶；
哥在家中思想妹，蜜蜂思想树上花。

相思病来好妹发，头又晕来眼又花；
汗巾包米去问鬼，三魂落在妹的家。

情哥讲句老实话，蜜蜂想糖蝶想花；
蜂蝶想花不想树，情哥想妹又想家。

自从那天看见她，见妹饮食点不佳；
夜晚难眠多苦恼，心头好比野猫抓。

哥今与妹是隔河，树叶遮挡看不着；
巴望霜雪打死树，搭个凉棚好望哥。

日里想双事懒做，夜里想双睡不着；
梦见黄河无船渡，黄河水少泪流多。

清早起床门墩坐，眼痛只为望姣娥；
脚伤只为走夜路，心酸只为想妹多。

想妹多，想妹吃饭当吃药；
三天不思茶和饭，抬头不起为姣娥。

想妹多，想妹日夜睡不着；
床头有个亮窗眼，夜夜望到月亮落。

白鸟飞到洞庭湖，久不见哥真孤独；
妹在家中日夜想，问哥是否念当初。

月亮出来像把梳，想妹如同想当初；
当初那番知心话，几时想着几时哭。

想哥迷，想哥心病是难医；
鲤鱼吃了茶麸水，沤坏肚肠有谁知？

哪个上树不攀枝，哪个过河脚不湿？
哪个见妹心不想，想在心头有谁知？

哪个野猫不想鸡，哪个田螺不想泥？
鲤鱼难舍滩头水，情哥难舍妹与妻。

见妹生得白兮兮，好比芋头修了皮；
哥想托人买来煮，痒喉恐怕无药医。

想妹想得着了迷，拿鸭去卖讲是鸡；
睡时想妹难合眼，三更半夜听鸡啼。

想妹连，想妹昏迷妹不知；
早晨洗脸想到妹，倒水连盆丢下泥。

好妹三天赶两圩，想妹不到人加入；
鹭鸶搁胫排上站，不得心甘因为鱼。

妹你生得实在乖，给哥得见不得挨；
仙桃种在天台上，凡人想死不得挨。

仙桃种在天台上，凡人想死不得挨；
半夜想起半夜来，脚踩南蛇当草鞋。

连夜想起连夜来，山间老虎叫唉唉；
为双情重为双死，虎没吃肉它走开。

半夜想起半夜来，没穿袜子穿草鞋；
路上有人来问我，下河打鱼倒吃斋。

墙上时钟天天摆，山伯天天念英台；
哥今天天在想妹，天天想妹要常来。

没曾吃酒先摆杯，没曾下雨先打雷；
没曾连情先做梦，一夜想双好几回。

见人修心我也修，庙里无神我也求；
不得成双就罢手，喊妹伴哥到白头。

真难舍，粑粑沾手是难丢；
铁打秤钩吞下肚，时时挂念在心头。

日里思双夜里睡，别双日久几心忧；
鞋子没脱连鞋躺，两手弯弯做枕头。

思双吃饭更发愁，情泪几多在心头；
不想情双吃半碗，想起情双把碗丢。

六月想妹到立秋，为双登上望月楼；
月亮团圆到十五，我俩团圆在哪周？

想吃龙眼不怕远，想吃仙桃不怕高；
哥想连双不怕苦，三天路程当半朝。

连夜想妹连夜飙，遇着老虎哥当猫；
老虎老虎莫咬我，你为猪羊我为姣。

爬坡等妹上山高，爬到半山跌一跤；
不是路滑才跌倒，思妹移脚连打飘。

妹在后园种牡丹，四面围墙三尺三；
哥想进园和妹种，难过围墙这一关。

久没见，久不见妹过来玩；
我没见到妹挑水，江边没见妹洗衫。

夏至天热日子长，想妹想得快癫狂；
独木桥头横身睡，梦中去跟谁做双。

哥也想来妹也想，哥交心来妹搭腔；
十字街头杀猪卖，哥挂心来妹挂肠。

年年想妹到端阳，想念情多无主张；
床头有个亮洞眼，夜夜望情到天光。

山顶有花山脚香，桥底流水桥面凉；
井水流出不流进，隔壁有灯妹搭光。

自己的妻屋上瓦，别人的妻瓦上霜；
太阳出来将淡化，露水夫妻不久长。

得妹好话千日想，桂花落地万年香；
三天不吃一颗米，拿妹话语当干粮。

想妹烦烦心又伤，翻来覆去都在床；
高床好比睡针毡，新席磨断几条纲。

今日走过黄花岭，脚踩黄花一片金；
不是哥今才想妹，早年想妹到如今。

想妹成双想到晕，雷响以为天顶崩；
太阳当着天星看，吹风以为妹开门。

种田的人想谷黄，读书之人想文章；
喝酒之人想酒醉，连情哥妹想成双。

五月节气到端阳，越想越思心越凉；
人家早禾快熟了，我是秧田没撒秧。

月亮里头有个人，好像妹今在养神；
哥想上去排她坐，哥无翅膀枉劳神。

鱼在深潭盼水深，鸟在林中盼林荫；
哥在家中盼情妹，盼妹过来把哥寻。

连双总望纯真心，莲塘栽藕望塘深；
唱歌总望歌搭对，出门总望大天晴。

烟袋装烟烟装火，灯盏装油油装芯；
妹望哥来哥望妹，铜镜梳妆人望人。

为人在世哪丈烦，起早贪黑为三餐；
你不欺人人欺你，心想事成实在难。

劝妹生来莫那贪，一天想得一金山；
有命得来无命受，看来难过鬼门关。

走路低脸看上天，装进棺材死要钱；
上山得久撞着虎，泥牛下河无法牵。

过去成双今打单，三天才能吃一餐；
进屋无人问一句，有力开门无力关。

太可惜，大好姑娘不珍惜；
纸上画龙空作浪，枕头绣花不闻香。

妹可怜，真心连妹你也嫌；
刚上桥头断后路，人心实在更值钱。

牛角不弯不过界，马尾不长不扫街；
我若不是画眉鸟，哪敢飞到这边来？

21. 蝴蝶双双飞过河

（西岭镇新合村邓金秀讲唱，赵元强搜集）

见弟挖地妹叹气，见弟耕田妹可怜；
晓得弟今这发奋，早来请弟做妹夫。

蝴蝶双双飞过河，弟叹不如妹叹多；
妹是在家常叹弟，不知弟叹妹如何？

粗纸包盐丢下海，莫管盐溶是纸溶；
盐溶水底出沙子，纸溶水面起青苔。

讲了不丢就不丢，捡个石头丢下沟；
捡个石头丢下海，石头浮面妹才丢。

当初和妹讲得多，门口阳沟讲成河；
井水讲成龙虎酒，街上槟榔讲菠萝。

上街买伞伞连把，下街买扇扇连风；
买扇连风都容易，难买思情共一家。

天上七星球对球，别处好花妹不谋；
别处好花妹不叹，单单长叹弟风流。

今早行过庙门洲，得见好花十二球；
得见好花十二样，水淹天门难舍丢。

今朝行过庙门前，得见庙门开半边；
庙门有对金狮子，想妹不得到妹边。

日头旺旺好晒谷，田水凉凉好下秧；
阿妹白白好说爱，早日讲成带回乡。

讲起插田妹就爱，讲起收谷妹就来；
插田和哥共一块，收谷和哥共一排。

妹讲真金不怕火，情哥眼前困难多；
晚上回家路又远，问妹叫哥怎着落。

叫声情哥你莫慌，妹今早已有主张；
有心留哥妹家住，莫嫌屋漏睡妹床。

妹不嫌来哥不嫌，得睡一夜顶十年；
房屋漏了哥来捡，床铺被破妹来连。

哥有心来妹有心，有心有意结交情；
有缘千里来相会，前世姻缘今日成。

我俩前世有姻缘，今日相会得团圆；
同心结成鸳鸯伴，同甘共苦到百年。

山高也有人修路，水深也有渡船人；
只要情哥有心意，打个招呼妹开门。

东山画眉西山叫，南海鲤鱼北海飙；
妹是天上嫦娥女，无人来架月亮桥。

妹是嫦娥在月宫，前世姻缘在命中；
仙女下凡配牛郎，槐树为媒得成功。

见妹生得白兮兮，好比春天花树枝；
走到江边鲤鱼跳，走过青山百鸟啼。

妹是天边一颗星，哥是明月照凡人；
星子哪有月亮亮，哪有月亮那样明？

妹是花园一蔸梨，水多皮薄蛮好吃；
哥想进园摘一个，晓得情妹依不依？

叫你情哥你莫愁，忧愁丢进水里头；
园中种梨等哥要，一来凉心二润喉。

妹是花园一口井，井水凉爽甜如糖；
六月想喝清凉水，问妹给尝不给尝？

情哥口渴不要紧，井水能解口渴人；
哥不嫌弃来饮水，一来解渴二连心。

莫哄人来莫哄人，问妹假意是真心？
三脚板凳哄哥坐，空心萝卜哄哥吞。

哥放心来哥放心，手板装油点灯行；
真金不怕火来炼，往后事久见真情。

伶俐又是妹伶俐，聪明也是妹聪明；
伶俐盖过十八省，聪明盖过世间人。

哥是天鹅飞得高，妹是蜜蜂飞半腰；
蜜蜂哪比天鹅狠，哪比天鹅那样高？

自小没到妹的乡，妹的村子远名扬；
后面来龙八百里，前面双凤又朝阳。

你小没到妹的家，妹的房屋三个杈；
天天都无隔夜米，半边锅头煮南瓜。

妹屋好来妹屋好，妹屋金瓦配金楼；
金筒量米金锅煮，金篮洗菜挂金钩。

倒转讲来倒转讲，手拿镰刀倒转弯；
弯利镰刀砍大树，弯利斧头割禾串[①]。

妹聪明来妹聪明，妹是天宫仙女身；
仙女下凡救贫苦，要与董永配婚姻。

哥是日头出得高，妹是乌云半山腰；
日头一出乌云散，哪比日头似火烧？

和妹结交讲姻缘，姻缘要讲配百年；
百年之后又来定，洛阳桥上等花开。

谷子为糠舂碎米，笋子脱壳才见芯；
只要我俩成双对，久后才知妹的心。

① 禾串：稻谷杆的上半节。

糯米煮饭难寻水，初初相交难知心；
生米煮成熟米饭，夫妻久后才知情。

我俩唱歌结交情，男同女愿配姻婚；
哥是鱼来妹是水，我俩鱼水永不分。

一重山背一重人，重重山背有好人；
男婚女嫁人间事，夫妻双双进门庭。

莫管他来莫管他，夫妻白手来起家；
勤劳苦干好本事，不靠爷娘不靠妈。

不怕难来不怕难，夫妻有事多商量；
只要多动脑和手，一年会比一年强。

井水流出不流进，妹你交口不交心；
手拿罗盘定四海，实在难定妹的心。

天上无雨响空雷，壶中无酒摆空杯；
哥你无心讲空话，哄妹一回又一回。

哥是白鸟飞过滩，飞也难来落也难；
不得和妹成双对，死在黄河心不甘。

登上高台望月光，织女弹琴望牛郎；
妹我是只单筷子，几时和哥配成双？

西岭镇新合村歌师邓金才（左一）/ 莫纪德 摄

西岭镇新合村女歌师邓金秀（右二）/ 莫纪德 摄

哥讲妹好哥也好，三天不见妹心焦；
眼中流出相思泪，手巾抹烂几多条。

麻藤牵过紫金山，妹的情意讲不完；
早也思来夜也想，龙床凤枕睡不来。

情哥说话不思量，绣花好看不闻香；
闲言谈话哥莫讲，不如搭早配成双。

真是假来假是真，真心连妹不连人；
哥也不连别二个，报妹莫连哪一人。

连就连来连就连，我俩连双连百年；
百年之后同样恋，千年之后记心间。

和妹连情讲好先，贫穷富贵妹莫嫌；
贫穷姊妹哥喜爱，不连富贵闹翻天。

讲了不丢就不丢，水缸装水不装油；
哥今看中妹的人，别人再好哥不求。

想哥想得人发癫，夜晚想起难入眠；
白天想妹饭不思，不知哪天挨妹边。

（讲唱人：邓金秀，女，瑶族，西岭镇新合村女歌师。）

22. 踩稳石头才过沟

（西岭镇新合村邓金才讲唱，赵元强搜集）

今日出门去看天，大塘清水好种莲；
当初有个刘三姐，只为唱歌成了仙。

唱个山歌给妹先，牵牛牵到大田边；
人讲大田蛮好种，唱歌做牛都下田。

见妹生得白飘飘，好比广东白芋苗；
好比广东白纸扇，几时得到手中摇？

见妹生得白彤彤，好比江边白卷筒；
妹在对面和别个，弟在这边也眼红。

想妹日久没到边，想妹多年没得连；
想妹久了成痨病，心里想得泪满面。

想妹想到五更天，一盏油灯在眼前；
抬头看见油干了，油干不见妹来添。

想妹迷，想妹迷迷妹不知；
吃饭如同吃沙子，吃肉好比吃木皮。

想妹一餐又一餐，餐餐想妹实在难；
白天想妹事不做，夜晚想妹睡不安。

新起瓦屋亮堂堂，蝴蝶飞进妹的房；
飞进房中妹莫打，是弟生魂来念双。

当初和妹讲得甜，摘个毛桃分半边；
如今和弟生疏了，龙眼荔枝也枉然。

当初和妹讲得来，裹妹脚包穿妹鞋；
如今和弟反心了，冷水洗脚穿草鞋。

当初和妹讲得多，门口阳沟讲是河；
井水讲成龙虎酒，槟榔讲糖无奈何。

害了弟来害了弟，害弟爬岭又爬冲；
爬岭爬冲不见妹，良弟丢了几个工。

和妹连双先讲先，贫穷富贵妹莫嫌；
人有钱财妹莫叹，弟是家贫妹要连。

妹有心来弟有心，一齐都是有心人；
好比后园芭蕉树，外皮叶子共条心。

买田看过水源头，连双问过妹根由；
看过江河才撒网，踩稳石头才过沟。

妹讲不连就丢开，莫把七言八语来；
妹今不是官家女，弟今不是报莲台。

妹讲妹连连得松，好比鞋子烂了中；
弟今还是红花仔，这山映过那山红。

懒得烦来懒得烦，妹讲不连弟放宽；
妹讲不连不要紧，弟把思情一时还。

上垌插田下垌青，开首开连妹的情；
开首开连妹一个，未曾连过哪一人。

（讲唱人：邓金才，男，瑶族，西岭镇新合村人。）

23. 阿妹生得十分乖

（西岭镇八岩村李聘贵讲唱，赵元强收集）

蚊虫为嘴打成糟，哥会为妹打成痨；
蜜蜂因为贪花死，猴子跌死为仙桃。

墙上画龙龙逼凤，用手摇扇扇摇风；
竹筒拿来做枕头，梦成还是两头空。

出门捡得钢顶针，人人讲哥捡得金；
人人都讲哥连妹，熬坛米酒白操心。

点灯去睡恋着妹，跨力上床昏昏睡；
忍气床头拍三下，这张破床流眼泪。

门口大田四四方，田中装水水装秧；
秧不吃泥因为水，妹不恋哥另有双。

思了恋了也是空，画眉鸟叫在山中；
妹是山中那冷庙，无神不靠妹敲钟。

阿妹生得十分乖，给哥得见不得挨；
仙桃种在天台上，凡人恋死不应该。

日里恋来夜里思，早晨恋到夜鸡啼；
好比鱼吃茶麸水，肝肠沤坏无人知。

刀切豆腐四面光，木马不行枉弟装；
深塘种禾水淹死，为妹田地尽抛荒。

火烧茅房实难做，同年出嫁实难留；
为鸭寻江一连下，哥喊千声不转头。

妹是真钢莫恨铁，初一莫恨半边月；
金龙真恨抛头蛇，妹有好双莫恨连。

辣椒种在苦瓜根，又辣又苦又难吞；
情妹已有好双伴，哪有心情恋我们?

来时点火去时收，半筐眼泪半盏油；
宽心的话和哥讲，忧愁的话在心头。

当初恩爱鱼同水，如今生疏水推沙；
晓得明鸟解不久，峨眉山上早修齐。

一匹白布九尺长，妹你拿当九寸量；
哥尽真心妹不信，妹拿糯米当杂粮。

千年古树连根倒，白鸟飞来无处落；
当初同妹生疏了，解开锁链放船流。

竹子种在对门岭，葱花拿来后园栽；
莲藕移来排葱种，样样无心对哥来。

送妹送到甘蔗坪，买根甘蔗妹尝新；
甘蔗甜头不甜尾，妹今嘴甜不甜心。

一根甘蔗一样高，根根甘蔗架得桥；
千军万马踩不断，妹你无心踩断桥。

妹心高，得吃李子恋仙桃；
得吃鱿鱼恋海味，得吃甜酒恋三熬。

因为滩陡水才急，因为妹恋哥才离；
因为妹讲无情话，墙高才起二层梯。

石板栽花很招眼，灯草发芽妹心多；
日落西山虎出路，好去连人莫瞒哥。

油菜开花头戴金，蕹菜开花空了心；
哥是杨梅一颗子，妹是枇杷有二心。

当初同妹刀切藕，如今同妹刀切葱；
刀切藕断丝不断，刀切葱断两头空。

当初同妹恩对恩，灯草架桥妹也跟；
如今同妹生疏了，石板架桥妹怕崩。

当初土岭是土岭，如今土岭恋石山；
当初同妹甜如蜜，如今比醋都还酸。

当初许愿在南山，猪羊一双酒一坛；
如今妹去连人了，南山许愿哪人还？

灯盏无油枉挂高，江中无水枉架桥；
塘里无鱼枉撒网，妹你无心枉结交。

当初同妹讲千般，讲得天边月亮弯；
如今妹恋人家了，天狗吃月好心酸。

情妹口甜心不甜，心中好比苦黄连；
石灰舂墙光外面，里头尽是烂泥砖。

哄妹的，空心萝卜哄妹吃；
三节板凳哄妹坐，哄妹上楼哥扯梯。

有钱打酒酒壶满，无钱打酒酒壶干；
有钱喊妹妹不应，无钱喊妹妹装聋。

妹在别方男结交，哥闻风声心暗焦；
妹今对哥来卖兔，二月门神无处销。

得穿绫罗打绸缎，买马耕田哪家牛？
连得好双我忘哥，冷水梳头打黄油。

星子出来亮过灯，妹去连人哥懒跟；
泥做菩萨跌下水，哥今懒劳妹的神。

柑子皮苦心里甜，情妹口甜心不甜；
水面捞花是假意，干藤上树枉来缠。

有心妹把无心算，好看妹当烂柴烧；
三板大船渡妹过，无心妹当奈何桥。

天上雷公会日叫，谁知朵朵是乌云；
我想同年真念哥，谁知早已去连人。

三月金鸡岭背叫，为何不在路边啼？
为妹口念心不念，妹把老糠来喂鸡。

云过山头月又明，雪散江河水又清；
丢久同年今日见，再将后义接前情。

燕子飞来路头远，口内含花十二枝；
打落一枝妹门口，说妹栽花莫乱心。

新打镰刀不用磨，有情有义不用多；
天上星子多不亮，半边月亮照黄河。

三担黄泥打架磨，千条万凿共条心；
口水讲干话不尽，一二说哥莫反心。

我俩上树上到尾，我俩结交结到头；
同坐龙角游四海，海干石现慢来丢。

慢守灶火得大猪，慢守江边得大鱼；
冬天夜长慢等妹，慢等三月花上枝。

茅草盖屋牛爱扯，甘蔗围园人爱偷；
我俩结交人眼浅，金砖砌墙人爱摁。

黄杆一尺当九十，莫等江山许别人；
哪得江山好风景，急死同事鸟同林。

独打独来单打单，独个画眉在青山；
独个画眉青山叫，早叫孤寒夜叫单。

苦忧忧，哥是后园苦菜蔸；
哥是后园苦麻菜，苦麻结子无人收。

夜了天，夜了牛马围身边；
夜了牛马归栏了，妹把哥来丢江边。

夜了天，夜了屋顶冒火烟；
有嫂那家饭熟了，无嫂那家火才燃。

燕子飞去先落水，身子又冷又孤寒；
盼望贵妹来扶起，妹若扶起得身干。

踏上云梯望四海，望月望日望妹来；
不望妹来提米煮，思妹话语解心怀。

八月十五是中秋，妹妹送鞋情哥收；
那时有空开来看，未曾开看泪交流。

得妹句话千年想，桂花落地万年香；
三天不吃一颗米，得妹句话当干粮。

隔山听见金鸡叫，过河得见龙翻腰；
隔墙听见妹叹气，妹你叹气哪一条？

说妹莫怄就莫怄，说妹莫忧就莫忧；
哥今有心照顾妹，一二照顾妹出头。

冷冰冰，脚底无鞋冷到心；
哪个有心帮哥做，一世不忘妹的情。

妹家门口有条路，去到妹门跌一跤；
妹今有心扶哥起，一提都靠妹成娇。

哥是路边一枝梅，无人守园无人围；
望妹拿去后园种，免得路边受风吹。

衣裳晒在妹门口，天晴落雨望妹收；
妹是竹壳哥是笋，节节望妹包到头。

岩洞栽花不见天，意好长江水也甜；
人多难讲私情话，短棍打蛇难挨边。

一条麻袋细通通，偷偷连情莫漏风；
屋里人多不好讲，各人想念在心中。

十字大路起灰尘，扇子扇面不扇身；
遇到情妹不好喊，做作痨病咳半声。

哥也乖来妹也乖，十字大路不种菜；
有情装作无情样，就是神仙也难猜。

妹在东边月亮明，哥在西边北斗星；
心想连来和妹走，妹恨中间是朵云。

细雨落草草不开，情妹虽近有人拦；
有日问妹长和短，云遮月亮露着山。

妹在后园种牡丹，四周围墙三尺三；
哥想进园帮妹种，不得跳墙真是难。

新买纸扇手摇风，新买剪刀学裁缝；
一心想对妹娇娥，岸上使船无路通。

路上不走为等妹，大船不走等河干；
六月无雨因天旱，连双容易为人单。

今日走过妹门前，不见娇妹好心焦；
心想进门看看妹，旁人冷眼利如刀。

白日人多哥又慌，晚间想去月又光；
愿得变个蝴蝶子，摇摇摆摆进妹房。

石板上面栽紫禾，久日不见妹来淋；
早想靠妹靠不住，怨妹父母太心狠。

画眉入笼受了困，连叫千声妹不哼；
困在笼里不得吃，饿死困死谁人知。

天要落雨黑霏霏，连情莫给哥吃亏；
有话莫在人前讲，恐怕别人扯是非。

八月十五将近来，哥穿妹鞋去赶街；
上街下街有人问，千万莫说妹做鞋。

蜘蛛结网青山尾，气死蜜蜂不敢飞；
哥怕爷娘管得紧，不敢和妹同路回。

今早走过妹门前，见妹站在门边沿；
心想问妹一句话，又怕爷娘在旁边。

哥为妹来妹为哥，鸟为深山鱼为河；
鱼死因为天大旱，我不成双为家合。

高山有路不通天，大河有水不通田；
花针无耳难穿线，无路难进妹花园。

归了归，手拿竹筐打九归①；
几多算盘都算过，难和娇娥共一堆。

姜公钓鱼石板坐，从小就念这条河；
蚱蜢飞往笼边过，鸟在笼中不奈何。

妹是后园一枝花，来来往往在人家；
一朵鲜花插盒内，花盘无耳哥难拿。

有针无耳难穿线，无浆难撑大小船；
如今我俩初相会，心中有话口难言。

海里无风浪不高，树上无风叶不焦；
望妹不到心不甘，砍柴不断不丢刀。

妹是鲜花在花园，哥是莲藕在塘边；
几时莲藕排花站，花也香来藕也甜？

① 九归：珠算中用一到九的九个个位数为除数的除法。

天上乌云比马快，地下摆足八仙台；
八仙过海吹横笛，情哥单等情妹来。

三尺洋船下广东，杉木筷子顶船篷；
打落一个下海去，金打银条路不通。

一条烟袋三尺长，雕龙画凤在两旁；
龙凤再好哥不想，单等和妹结成双。

江边栽竹望出笋，塘中栽藕望生莲；
蜘蛛牵丝妹门口，望妹成双在眼前。

十字路口人打铁，怎得合妹生一炉；
大字头上加一画，有日做得妹丈夫。

芭蕉香甜叶又尖，我俩结情记在先；
天上星星轮流转，总有一日得团圆。

松木锯出是好汉，缎子裁来是好衫；
得吃杯菜当杯酒，连情久了成夫妻。

芥蓝菜，几时得吃芥蓝心？
几时得妹共家住，共盆得来共手巾？

一个口袋黑麻麻，几时得近妹的家？
几时得做妹的夫，几时得当妹的家？

糯米香，几时等得糯米粑？
几时我俩得共枕，不用媒人也成双？

问妹先，问妹等到哪一年？
还耐二年人老了，挑水淋花也枉然。

哥莫慌，日头还有半天高；
日头落了月光起，月光落了大天光。

洛阳桥上栽牡丹，一朵红来一朵蓝；
说妹留心耐烦等，自然耐等得成双。

慢慢等，苞米煮粥慢慢挨；
慢慢掏船江边等，自有一天大水来。

想妹难，吃不饱来睡不安；
今生不得结成伴，来世也要结成双。

一把剪刀两面光，半边阴来半边阳；
妹仔莫学剪刀样，剪刀有口无心肠。

石板搭桥千年在，叮嘱贵妹长长行；
灯草挂在蕉树尾，莫听人言断哥情。

妹不吃鱼哥不信，为何墙上有鱼鳞？
妹讲不吃塘中藕，为何塘中有脚印？

茄子开花朵朵乌，豌豆开花朵朵蓝；
哥今连情存心念，就怕妹今心不足。

24. 妹家门口有条河

（西岭镇八岩村李聘贵讲唱，赵元强搜集）

妹家门口有条河，河水流来有波浪；
喊妹莫吃波浪水，冷到心头不想哥。

月亮要亮又不亮，月亮要落又不落；
喊妹莫听别人讲，冷水烫鸡毛不脱。

急水滩头放鸭崽，连叫千声不回头；
妹心不是情薄人，把哥恩情一旦丢。

当初我俩谈得来，请得风来雨又来；
不知哪个叼唆妹，雨到山头风吹开。

高山岭顶种苞谷，有心种来无心收；
有心连来无心念，何不当初莫起头？

当初见妹一条心，落塘栽藕水又深；
百两黄金当死宝，见妹一面当千金。

哥讲思妹妹不言，妹讲思哥才是真；
不信解衣妹看过，胸前还有流泪痕。

竹壳里头包嫩笋，哥有心肠妹不知；
带妹去走雪山路，雪融方知路高低。

你今难舍我难舍，老竹难舍嫩竹根；
鸭子难舍田中水，情妹难舍好心人。

杉木砍下就剥皮，嫩笋离壳就取心；
好话不得讲一句，连得我俩又分离。

高山岭顶不断风，寺院打鼓不离锤；
狮子上山龙下江，何时才得两相逢？

一送贵妹到庭前，不知何时再相连？
又想回头牵下手，难舍贵妹泪涟涟。

二送贵妹出门楼，双手去扳妹回头；
妹给手巾哥擦泪，送把金钗妹插头。

送妹送到屋外边，天上雷公叫连连；
巴望天公落大雨，好留情妹住几天。

送妹送到大桥头，一手贯柳一手油；
破个石榴几多籽，许多情义在里头。

送妹送到毛竹山，手扳竹子哭一番；
泪水流在竹子上，六月日头晒不干。

橙子不比柚子甜，有双不比有丰年；
丰年得讲又得笑，有双见面泪涟涟。

送妹一弯又一弯，弯弯都是火烧山；
火烧竹林不死心，不得连妹心不甘。

月亮里头有莵桂，洛阳桥上有枝梅；
蝴蝶站在花树上，双翅摇摆难舍飞。

大路平平妹慢走，小路不平妹慢行；
大路人多哥相连，回家莫讲哥无心。

三送我情到路边，说妹回家都要念；
姐妹面前莫乱讲，记哥话语在心间。

挑水码头步步低，一层沙子一层泥；
我俩结情结到老，手拿契纸不分离。

高山岭顶种台烟，不种一万种八千；
我俩结交结到老，结交结到一百年。

生不离来死不离，我俩生死共堆泥；
哥去深山变大树，妹变新藤来绞枝。

真是真，三十六牙咬顶针；
不信妹你访查看，哥是蜡烛一条心。

蜜蜂飞过瓦窑顶，和妹结交不反心；
洋伞烂了钢骨在，绝不丢妹半中程。

不怕他，生是鲤鱼死是虾；
双刀架颈哥不怕，五马分尸也随它。

明堂打鼓明堂敲，人人讲妹哥的娇；
老虎坐在石板上，谁人不敢动根毛。

斑鸠树上叫咕咕，花的花来绿的绿；
不得吃谷心不死，不得连妹心不服。

金鸡为叫先拍翅，白马为骑先配鞍；
没会讲话妹先笑，哥是回家变不全。

见妹穿得一身花，哥穿衣裳打补巴；
十字路头会着妹，对人不住也随他。

见妹穿得一身蓝，南山白马配黄鞍；
今日得会南山马，不见黄河心不干。

见妹生得伶俐标，回家想起又来瞄；
画妹脸蛋壁上挂，三餐吃饭细细瞧。

妹命好，又伶又俐又风骚；
可惜神仙不是我，是哥长生命不收。

想妹昏，想妹连婚龙肉送；
想双想到一百天，九十九夜不安然。

见妹有心来就来，十分得醉快丢开；
长江也有回头时，靠妹回心念转来。

江水短，拿尺来量江水长；
江水又长尺又短，人心难测水难量。

唱就唱，新打铜锣接起音；
情哥接起妹接起，邀双接起莫停声。

蚂蜗肚里无肠子，蜘蛛肚里万条丝；
妹有好歌不舍唱，沤在肚里怕人知。

明知情妹有好双，唱支山歌又何妨？
蚂蟥过水无脚印，水面抛刀无损伤。

妹嘴贵，妹嘴又贵又含金；
开口又怕金落地，唱歌又怕结成亲。

日头无火那正赖，井水无风那正凉；
爷娘生妹那正好，头上无花那正香。

见妹生得白棚棚，好比后园白菜棚；
牙齿白白银子打，头发弯弯九条龙。

见妹生得白漂漂，银衫围裙挂半腰；
若妹颜容街上摆，十人过路九人瞧。

见妹生得白兮兮，好比春来花上枝；
妹过深塘鲤鱼恨，妹过青山百鸟啼。

哥是天上老岩鹰，铜嘴铁脚猫眼睛；
站在门前古树上，想来拿鸡不作声。

是难渡，难变日头难变天；
怎样变得燕子鸟，眼前飞去妹廊檐？

手拿粗布围在肚，手拿洋布老在心；
不是今年才想妹，早日恋妹到如今。

油菜开花头带金，韭菜开花一条心；
盘龙过海当腰带，生死要连妹一人。

真心不怕路途遥，真金不怕火来烧；
真心换得生龙马，十日路头改半朝。

月亮出来云散开，哥行千里为双来；
哥是红藤攀大树，生同叶子死同柴。

妹是桂花朵朵鲜，哥是莲藕在塘边；
几时得花排藕站，花也香来藕也甜？

月亮明，月亮里头有个人；
月亮里头有蔸桂，几时得给妹遮阴？

讲笑谈白哥就爱，提到真情哥就来；
妹在街前熬酒卖，哥是神仙醉在街。

今早骑马过塘边，风吹藕叶动连连；
手攀龙头低声问，问妹真连是假连？

问妹名，铜盆装水看天鹰；
天鹰不吃铜盆水，晓得情妹恋哪人？

妹是蝴蝶满天飞，哥在菜园把园围；
有心飞进菜园里，无心莫在两边飞。

一颗糯米两头尖，糯米熬酒比糖甜；
有心不怕路头远，无心哪怕共廊檐。

见妹生得脸圆圆，给哥一世恋不完；
大米沤成糯米酒，不给哥吃也会酸。

大河水，几时得到小河流？
妹的手颈白如藕，几时给哥做枕头？

妹你是个孤单鸟，哥我是个鸟孤单；
两个都是孤飞雁，何不飞来共一山？

高山岭顶装套鸡，不套雁鹅套金鸡；
只要情妹心有意，浮漂上面晒蓑衣。

野火难烧水底草，利刀难割金竹苗；
有钱买得生龙胆，难买妹心共一条。

烟袋装烟烟装火，水面梳头人望人；
妹不连哥哥连妹，明镜梳头人望人。

墙上跑马险不险，灯草打人轻不轻；
连不连来由在妹，万般由在妹良心。

细笔写字留金秋，假不假来真不真；
若还得句真心话，手板装油点得灯。

这山望见那山低，那山有个好金鸡；
哥拿白米路头撒，晓得金鸡吃不吃？

得吃一餐算一餐，陪妹一时算一时；
妹是五月分花雨，晓得落在哪一边？

鸟也不知鱼得水，鱼也不知鸟得林；
哥也不知妹想哥，知妹恋哥早成亲。

妹也莫讲妹老实，妹是山中老画眉；
吃了几多鸡蛋米，踩过几多花树枝。

不是檀香哥不烧，不是杉木莫架桥；
不是真心莫哄哥，空船莫把桨来摇。

哥是高山石井水，妹是平阳一亩田；
井水流把田边过，妹不灌满也枉然。

听妹唱歌哥开心，鲤鱼见水尾摆摆；
蜜蜂见花团团转，花见蜜蜂朵朵开。

天高落雨像根纱，落进铜盆像朵花；
妹是天上适时雨，哥捧铜盆来接它。

急水滩头洗酒饭，半边酒饭半箩沙；
我俩结交在肚里，杨梅结子暗开花。

一路唱歌一路来，一路拿花一路栽；
两边种下松柏树，中间留路等妹来。

高山头上一个井，鲤鱼常在井中游；
细丝穿针放下水，用尽心机不上钩。

思想我双在岭脚，心中好比利刀割；
走到江边洗个脸，江河水少泪流多。

小河放排弯又弯，放了一滩又二滩；
再过三天不见妹，打烂排头因为双。

今早吃饭口不甜，丢脱筷子恋交连；
不恋思双吃半碗，恋起思双把碗端。

吃酒因为酒好吃，连双因为话合意；
酒不醉人人自醉，妹不连哥哥自迷。

不曾吃酒先摆杯，不曾落雨先打雷；
不曾连哥先得梦，连连得梦两三回。

夜了天，夜了猫崽叫连连；
猫走夜路为老鼠，哥走夜路为同年。

哥有心来妹有心，大齐下海捡龙鳞；
捡得龙鳞当瓦盖，日头不晒雨不淋。

恋双忙，画双脸貌在妹房；
三餐吃饭妹知喊，再喊三声在妹旁。

满天落雨中间晴，哥恋阿妹是真情；
九百铜钱丢下水，念双人意值千金。

好朵鲜花浮水面，妹比塘中一朵莲；
哥在后园学鸟叫，妹在房喊夜猫前。

夜了天，喊妹闩门闩半边；
喊妹铺床加块板，我俩暗中结姻缘。

甘蔗烂了为榨糖，扰乱心机因为双；
为妹成了相思病，日轻夜重苦难当。

日思夜想脸皮青，求神卜卦还不灵；
若是得见几天面，病重如山也会轻。

恋双恋到骨头离，念双莫要嘴巴皮；
竹壳里头包嫩笋，暗有真心妹不知。

日晒不干冲边田，雷打不破火烧砖；
只要我俩真心恋，吃杯凉水也心甜。

初三十三二十三，久不逢双好为难；
不来又怕私情断，来多又怕别人谈。

挑水码头步步平，放下水桶讲私情；
爷娘骂妹挑水久，二龙抢珠水难清。

真难舍，麻丝绕手真难离；
铁打秤钩吞下肚，时时挂念在心怀。

难舍丢，蚂蟥难舍这条沟；
情哥难舍石滴水，六月天旱水长流。

眼看日头要落山，我俩理由讲不完；
哥拿钥匙妹拿锁，锁紧日头在半山。

恋妹迷，恋哥迷了饭不吃；
吃饭好比吃沙子，吃肉好比吃木皮。

去年火烧八角村，今年过路都还香；
出门三日不带米，拿妹话来做干粮。

八月十五是中秋，哥送月饼望妹收；
九月重阳开来看，月饼生虫妹不丢。

打烂花碗起花街，万丈高堂砌起来；
十年不来十年等，再不开花别处栽。

共生我俩共凳坐，死去我俩共灵牌；
灵牌上面共八字，灵牌我俩望花开。

妹莫慌，天大事情哥敢当；
去到衙门讲道理，人争田地哥争双。

月亮出来照四方，照见白藤绕过江；
白藤绕在杨柳树，藤干树死不丢双。

生也不丢死不丢，我俩成双万千秋；
泰山移动随它动，黄河倒流也不休。

杉树千年不落叶，城隍庙里砍鸡头；
鸡头摆在石板上，石板开花妹才丢。

半夜恋双半夜起，脚踩南蛇当布鞋；
逢着老虎当个狗，恋着连双搏命来。

25. 哥吹木叶妹唱歌

（观音乡水滨村蒋礼发搜集）

哥打鼓来妹打锣，哥吹木叶妹唱歌；
我俩结交情意重，海枯石烂不断交。

一把剪刀两面平，半边阳来半边阴；
你有情来我有意，成双结对共条心。

一条江水绿悠悠，两边种满红石榴；
妹摘石榴哥上树，同心合力共白头。

想妹一天又一天，想妹如同想只船；
江边无桥望妹渡，早来渡妹进花园。

秤杆上面星对星，一斤一两妹分明；
我俩结交讲实话，心心相印度青春。

26. 牛吃嫩草爱新鲜

（三江乡谢朝登搜集整理）

唱首山歌逗一逗，吃杯凉水解心愁；
凉水解得心愁火，妹今解得万年愁。

山歌好唱妹莫唱，木叶好吹妹莫吹；
妹是花园金竹笋，有人所管有人围。

山歌好唱妹要唱，木叶好吹妹要吹；
妹是菜园苦麻菜，无人所管无人围。

砍柴妹，为何不把哥来邀？
若是妹今邀了我，一来帮砍二帮挑。

砍柴要砍见风消，锯得板子架得桥；
连妹要连单身妹，站得生死坐得牢。

砍柴莫砍界木柴，烧进灶里爆出来；
连双莫连傻伙子，未曾连到讲出来。

上山砍柴不用刀，捡个石头慢慢敲；
连双要连两姊妹，姐姐不来妹妹交。

上岭气急歌难唱，无钱无米家难当；
搞得钱来又无米，一年四季不风光。

真可怜，家中无米又无钱；
人不风光不要紧，可惜丢了风流年。

有钱有米又人逢，上也表哥下表兄；
若是两年跌跛了，脸望别人半边蒙。

看牛王，哪个石头都坐亮；
哪个山头都走过，哪个刺坡不爬光？

看牛好，看牛不好不看牛；
一来得到高石坐，二来得到耍风流。

唱歌不像唱歌音，好比黄牛叫三声；
黄牛吃草留三寸，水牛吃草不留根。

挖地娃，挖开大地种油麻；
我撒油麻你撒豆，油麻结子豆开花。

茶籽茶，未曾结果先开花；
靠妹莫像茶籽样，茶籽黄色黑了心。

茶花结子子榨油，哪个连双舍得丢？
哪个连双舍得摔？要连就想到白头。

想妹想得脚打捞，跌了一跤又一跤；
跤跤跌在妹身上，问妹心焦不心焦？

想妹难，如同猫崽想鱼干；
鱼干挂在楼梁底，气死猫崽嘴巴谗。

杉树高高好做轿，枞树高高好架桥；
一桥架过妹门口，早晨得见夜得瞧。

恁洒脱，未曾就把手来摸；
偷鸡还要一抓米，钓鱼还要一根索。

连妹要连单独单，莫连二虎共一山；
二虎共山必打架，二龙戏水必天干。

连妹要连单独单，莫连二女打醋坛；
端碗要端一个碗，莫拿两个惹麻烦。

戒了戒，今年戒了两三门；
一戒烧烟二戒酒，三戒有双哥不连。

戒酒不喝免醉人，戒烟不烧少劳心；
戒了几多私情路，免得出门又多情。

隔久没来这一山，这山鸟叫哥孤单；
这山有只孤单鸟，早晚叫得好心酸。

鸟在青山叫一声，爬山过岭哥来寻；
妹也不是别二个，日思夜想是哥情。

松树高高断了尾，杉树高高断了腰；
杉树断腰松断尾，合起架座连双桥。

枫木枫，枫木树尾挂灯笼；
妹挂灯笼弟扯线，风吹细线绞灯笼。

竹子高高尾又单，金鸡飞过九重山；
一双金鸡一双凤，结成鸾凤配成双。

隔江望见谷子黄，可惜得见不得尝；
老谷老米家中有，哪赛刚割新米香。

门口大田四四方，又种萝卜又种姜；
萝卜没得姜有味，讨的没得耍的香。

想吃梅子上梅树，想吃莲藕下莲塘；
想吃鲤鱼江边钓，想连妹仔心放长。

连妹要连隔壁妻，早晨望见妹穿衣；
敲姜煮茶哥听见，只有得听不得吃。

实在难，五黄六月吃两餐；
罐子煮粥调羹舀，何曾吃饱哪一餐？

连人妻子受人欺，讨个老婆是好妻；
白日有人来洗碗，夜晚有人铺被席。

好凄凉，可惜好风吹不长；
连个好双过不久，讨个老婆命不长。

晓得了，晓得你会弯马钉；
头上盖着谷仓底，脚板穿的大板掀。

人过六十万事休，也莫欢喜也莫愁；
家中有酒吃半罐，也莫十分醉到头。

人过一年长一岁，树过一年发一枝；
六十甲子此已满，还有后来哪收边？

妹莫骂，我和你娘有点亲；
你娘叫我做女婿，我叫你娘做母亲。

想得乖，那里有酒给你筛；
若想连妹先下跪，风巢鸾窝才会开。

妹小量，有个东西下雨收；
在生不给郎来搞，死在阴间蚂蚁搂。

你发癫，为何与妹不紧连；
为哥还是另有爱，牛吃嫩草爱新鲜。

去年和妹讲得来，讲起风来就风来；
今年与妹生疏了，雨到对门风脸开。

妹今走路手摇摇，路边茅草利如刀；
若是割破妹的手，痛着妹手哥心焦。

高山望见大河水，颈干难到大河边；
十二大船难靠岸，人多难进妹花园。

高山高岭撒高粱，高粱酿酒桂花香；
妹今不吃高粱酒，几时才等早禾黄?

高山岭顶一口塘，白鸟飞来站两旁；
白鸟飞来两旁站，不知白鸟几多双。

你发狂，白鸟飞来几多双；
贪心之人太无理，若要连妹是荒唐。

妹今走路脚蹬蹬，好像猪婆来走生；
等哥学会阉猪了，把妹花肠割断根。

送妹一里又一里，送妹一弯又一弯；
送妹三弯不见妹，眼泪汪汪抹不干。

好柴莫嫌灶破烂，好崽莫嫌爷娘差；
有钱不怕米粮贵，有心不怕家难担。

这山望见那山高，那山有蔸好葡萄；
哥想过来摘一串，又怕葡萄架不牢。

雷公隆隆必有雨，树尾摇摇必有风；
同妹交情必有意，结情结意必有功。

雷公隆隆必有雨，云雾飘飘必有风；
哥脸红红必有事，今日讲话不相同。

清早起来天又阴，不知落雨是天晴；
天晴又怕日头晒，落雨又怕雨来淋。

打伞过桥桥底阴，桥底有条鲤鱼精；
七两鲤鱼八两胆，看来还是胆包心。

妹无义，麻篮打水妹无心；
妹是无心早早死，早死三年得太平。

27. 旱江无水空架桥

（三江乡陈秀英、胡月友讲唱，谢朝登搜集）

歌是有，愁愁闷闷难起头；
妹是两年愁闷死，愁愁闷闷何时休？

妹莫愁，有日天开见日头；
有日海干龙献爪，有日妹也有风流。

烧柴不燃莫怪天，只怪柴生火不燃；
连双不成怪哪个？只怪自己家无钱。

妹莫愁，水桶挂在扁担头；
吃了红薯有白米，连情好比水长流。

烧柴不燃加块柴，连双不成慢慢来；
好比岩鹰抓鸡崽，这回失落下回来。

不怕羞，正大姑娘来养牛；
牛牯爬到牛婆背，看妹晓得羞不羞？

教你歌，教你上山搞牛婆；
搞出三条花牛崽，你生牛尾它生角。

妹风流，正大姑娘来养牛；
自家有牛你不管，出来好耍有瘾头？

教你歌，教你蚌壳打汤喝；
你娘喝了七八碗，和你留了半钯锅。

细雨落多会满田，连双不到会发癫；
夜路走多会遇鬼，偷连妹仔会赔钱。

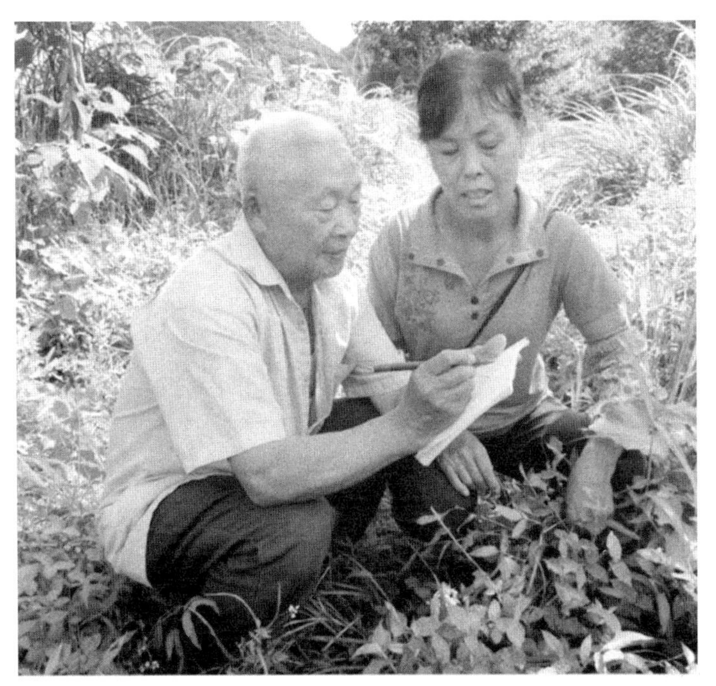

谢朝登与三江乡三寨村女歌手周菊花在一起交流 / 莫纪德 摄

细雨落多会满田，修心日久会成仙；
毛路走多成大路，连双日久会团圆。

烧烟好，烧烟好过妹吃茶；
吃茶吃点木叶水，烧烟口口吐莲花。

不会烧烟学烧烟，扯个油头到灶边；
见妹姿容不乐意，连哥不到好可怜。

灯盏无油枉挂高，旱江无水枉架桥；
同妹无缘枉讲事，老哥哪敢来连姣？

连得好人是好双，好女不上别人床；
好马不吃回头草，好女不嫁二夫郎。

五月分龙夏至天，雨落高山不落田；
妹是五月分龙雨，妹分一边哥一边。

对门对户对座山，快把夫妻配起来；
拿起木薯做鸟崽，就把爷娘来赶开。

高山滚石石飘飘，滚到江边架渡桥；
好心就把桥来踩，好人就来和妹交。

妹好笑，连哥想踩万年桥；
连哥踩桥心要稳，莫给桥歪动摇摇。

妹莫忧，米箩挂在扁担头；
吃了半斤留四两，留出四两耍风流。

鬼老头，又黑又瘦像个猴；
好比树上白头鸟，出门还想把妹勾。

未曾老，今年刚好八十三；
屋头家兄九十九，扶棍偷莲才转还。

门口大田三亩三，有头有水有头干；
有水那头插莲藕，无水那头种牡丹。

白颈乌鸦望大洞，不望高山冷水田；
高山冷水田好种，大垌妹近哥好连。

乌鸦叫叫良心好，岩鹰不叫起谋心；
岩鹰不叫得吃了，乌鸦叫叫只得名。

叹口大气一身松，三村四邻算哥穷；
妹穷还有瓦屋住，哥穷无瓦住茅棚。

打个哈欠道个难，螺蛳肚里几个弯；
螺蛳住在泥塘底，问天讨吃天又干。

28. 这山望见那山高

（三江乡盘贵强讲唱，谢朝登搜集）

这山望见那山低，那山有只好金鸡；
手拿白米随地撒，不知金鸡吃不吃？

银殿山①头冒火烟，不知烧瓦是烧砖；
烧瓦要靠砖搭配，连情要靠妹拢边。

大路一弯又一弯，抬头看见银殿山；
银殿山上花千种，单缺芙蓉配牡丹。

① 银殿山：处萌渚岭花山山脉，恭城瑶族自治县境内最高山峰，高 1885 米。

唱条山歌逗一逗，看妹抬头不抬头？
马不抬头在喝水，妹不抬头是怕羞。

砍柴要砍水冬瓜，连双要连十七八；
十七八岁正好耍，好比蜜糖裹粽粑。

砍柴要砍竹子柴，砍了竹子笋出来；
连双要连两姊妹，姐姐不嫁妹妹来。

这山望见那山高，那山有蔸好仙桃；
哥想上树摘一个，不知桃树牢不牢？

大雨落来小雨淋，邀妹打伞过茅坪；
进了茅坪收了伞，说妹收伞莫收心。

送妹送到大河边，忍心把妹送上船；
连喊三声妹慢走，眼泪长流心里酸。

日头落岭岭落西，犀牛带崽下田基；
犀牛难舍田基草，哥今难舍妹分离。

日头落岭岭背黄，犀牛带崽下莲塘；
犀牛难舍莲塘水，哥今难舍妹分双。

日头落岭岭背黄，蜜蜂过街口含糖；
半口含糖半口水，半想功夫半想双。

井水不挑平过基，堂屋不扫起灰尘；
来多又怕别人讲，不来又怕妹丢情。

大雨过了小雨来，条条大路起青苔；
有心不怕青苔路，无心大路也难来。

种田要种弯弯田，一弯弯到妹屋前；
五黄六月去看水，先看姣娥连不连。

苦茼蒿，三天不摘三尺高；
隔了三天不见妹，如同坐了半年牢。

苦麻菜梗生来贱，不放油盐苦中甜；
妹若嫌苦不压妹，哥穷不要压妹连。

银殿山头四季青，鸟换粗毛鱼换鳞；
皇帝改朝官换代，叫双莫换两条心。

银殿山头云罩来，也有黄蜂来闪开；
邀双约个好日子，丢下皇工也要来。

上岭难，几时上到路中端？
上到中端无凳坐，木皮垫坐等双还。

丢就丢，眉毛没剃脸不羞；
大路相逢也要问，到妹家中也要留。

高山岭上一堆泥，双手扒开种荔枝；
种下荔枝结了果，先结朋友后结妻。

上山扯麻麻尾长，下街连双要老行；
看过滩头才撒网，踩稳石头才过江。

可惜了，可惜人同命不同；
可惜那瓶红墨水，丢下长江水不红。

三蔸杉树一样高，中间那蔸有野猫；
又想回家拿鸟炮，又无砂子又无硝。

高山岭上一丘田，芒筒架水两三年；
乌鸦踩断芒筒梗，气死禾苗在眼前。

唱歌越唱越有瘾，家有良田都懒耕；
宁可将钱买贵米，洛阳桥上耍花灯。

三月莼，口似蜜糖心似刀；
在哥面前讲得好，回家永世不来瞧。

竹山高，为何扯笋不来邀？
若是妹今来邀哥，妹来扯笋哥来挑。

高山高岭撒高粱，高粱熬酒喷喷香；
妹今不吃高粱酒，想吃糯酒等糯黄。

实在忧，住在高山实在愁；
白天听见阳鸟叫，夜晚听见江水流。

画眉鸟崽叫悠悠，你爱叫来我爱逗；
一来叫得阳春早，二来叫得解忧愁。

日头晒，晒得哥黄妹也黄；
妹黄只为功夫苦，哥黄只为贪花香。

花生叶子夜关门，就讲就连万不能；
万丈高楼平地起，水有源头树有根。

松木树，一卡高来一卡低；
高的那卡像龙凤，低的那卡像金鸡。

山歌不唱不宽怀，磨子不推不会挨；
酒不劝人人不醉，花不逢时不乱开。

隔河海棠开成荫，心想摘花怕水深；
丢个石头探深浅，唱条山歌试妹心。

远远望妹笑眯眯，好比荔枝剥了皮；
荔枝剥皮心还在，问妹留心到几时？

妹在河边养水牛，哥在山上打石头；
石头落在牛牯背，问妹抬头不抬头？

势江河边花正开，蜜蜂十里寻花来；
花儿不开蜂不采，妹不逗郎郎不来。

杉木水桶红鲜鲜，情妹挑水在路边；
借妹瓜瓢喝口水，蜜糖没有清水甜。

新砌屋基四四方，细细石子来打墙；
哥哥会盖大瓦屋，问妹要廊不要廊？

妹像白米沉又沉，哥像老糠轻又轻；
老糠配米单头重，情哥配妹可相称？

千金难买有情人，高山流水有知音；
番山禾苗根连根，白米老糠一故亲。

哥爱情妹爱得真，妹爱情哥情更深；
无眼花针也穿线，心心相连情不分。

哥是天生花蝴蝶，有处飞来无处歇；
借妹花丛歇口气，不坏花瓣不坏叶。

日头落山又不落，小妹有话又不说；
有话无话说两句，莫叫小哥老等着。

郎是山中小麻雀，有处飞来无处落；
哪个小娘良心好，给把草来起个窝。

百锭银来百两金，难买情妹一片心；
媒婆厚嘴说薄了，难抵一曲木叶声。

大山砍柴不用刀，大河挑水不用瓢；
好妹不用媒来讲，山歌搭起当情桥。

藤子缠树树缠藤，钥匙套锁锁套门；
山歌配着木叶唱，情哥情妹心连心。

日头落岭半边阴，葫芦落水半边沉；
妹要真心沉到底，含含糊糊到如今。

铁匠无铁空打锤，火塘无火枉来吹；
有心只要话一句，无心哪怕话成堆。

灯盏无油哪会亮，雨不淋花哪会香？
天上无云哪有雨，妹不连哥哪有双？

男大当婚女当嫁，讲来又羞又不羞；
哪根花针不拖线，哪盏油灯不扯油？

桂花生在贵石崖，桂花要等贵人来；
桂花要等贵人到，贵人不到花不开。

小妹生得白又白，情哥生得黑又黑；
黑字写在白纸上，你看合色不合色？

树上斑鸠叫咕咕，哥也无嫂妹无夫；
我俩都是半壶酒，何不倒拢共一壶？

石榴开花慢慢红，冰糖下水慢慢溶；
只要情哥有心等，总有一天心相逢。

口劝哥哥你莫忙，有情地久天又长；
为妹好比一坛酒，哥哥不到不开缸。

松树抽心松叶多，情妹应该逗情哥；
丝线牵桥妹敢过，竹叶当船妹敢坐。

高山放羊羊满坡，情妹洗衣下了河；
羊崽它有嫩草吃，小哥口渴无水喝。

小河有水乱大河，不怪别人怪自个；
你要喝水就开口，为啥看我无话说？

大河水多鱼也多，双对鱼崽钻菱角；
问妹生得菱角样，学我眼皮不能合。

情哥一生怪话多，哪有鱼崽钻菱角？
你称菱角有多重，眼皮上面吊秤砣。

情妹生得好风采，好比莲花带盘开；
走到山前鸟起舞，走到江边鱼游来。

妹穿红衣红花裙，好比天上一朵云；
那朵红云现一次，不知带去几多心？

清早赶牛去犁田，犁田犁到田中间；
见妹打伞田边过，黄牛挨打几多鞭。

莲叶盛水点点清，出水莲花香透心；
哥哥好比清莲叶，托保莲花笑盈盈。

公鸡打架有客来，剪刀落地有布裁；
情妹见哥微微笑，一定有话在心怀。

杉木水桶桶梁高，上井无水下井挑；
晓得我妹来挑水，哥变芙蓉水上漂。

哥哥犁地在山坡，妹妹挑柴路边过；
想打招呼难开口，想唱山歌人又多。

见妹头上围头巾，巾上菊花亮如银；
一见妹妹好有劲，挑柴如同灯草轻。

得见哥哥在山前，洗脚忘记把鞋穿；
上桌吃饭忘夹菜，梦里同哥把牛牵。

看见妹妹像朵花，不思菜饭不思茶；
恨我不是蜜蜂崽，飞到妹村来采花。

能和哥哥结夫妻，妹妹插田哥扶犁；
两人落雨共把伞，妹来磨谷哥舂米。

能同妹妹结夫妻，砍柴种田在一起；
妹妹碓坊去舂米，哥哥旁边来赶鸡。

哥爱妹来妹爱哥，要学喜鹊做一窝；
妹爱哥来哥爱妹，变鱼也要共条河。

妹妹十八未出嫁，哥哥二十未成家；
妹爱哥来哥爱妹，两朵牡丹共一杈。

烈火能把青山烧，暴风能吹大树倒；
若要哥妹两分开，除非石头水上漂。

青青竹子迎风摆，砍下竹子扎竹排；
竹排放下淡江水，撑到汉口好去卖。

郎在淡江扎排摇，妹听歌声心中笑；
你去汉口告诉我，几件事情望你捎。

听到喜鹊叫喳喳，听到岸边妹讲话；
妹要什么告诉我，样样给你带回家。

心肝哥哥你听清，请你先带这两门；
天上浮云带一朵，十五月亮带一轮。

心肝妹妹我情人，两件东西买得成；
天上浮云是花布，十五月亮是圆镜。

我的哥哥真聪明，还有三样请记清；
蛤蟆胡须要四两，蚂蚜骨头称半斤；
勤快后生要一个，配上南海观世音。

针连线来线连针，我和情妹心连心；
蛤蟆胡须是丝线，蚂蚜骨头是花针；
勤快后生就是我，亏你有尊观世音。

太阳下山黄又黄，郎扛木犁姐背筐；
本想谈句知心话，话到嘴边心里慌。

糖罐印花白堂堂，心想嫁人又想娘；
想娘不嫁心中闷，若不嫁人又想郎。

碟子栽花福分浅，生柴引火真难燃；
哑子拿着单叉筷，心想成双口难言。

不是好树我不栽，不是真情我不来；
塘边栽棵金丝柳，只等凤凰飞拢来。

砍柴要到这边山，打鱼要到那边滩；
连哥要连有情汉，薄情寡义妹莫贪。

竹子高高不顶天，芭蕉叶大不值钱；
不管妹你相貌美，你没真心我不连。

鲜花插在牛屎上，乌鸦崽子死凤凰；
戴金戴银有何用，金银不是如意郎。

新衣合身哥才穿，情妹合心哥才连；
连情不是一时过，同苦同甜过百年。

天上星子连月亮，地上金鸡配凤凰；
妹你是个农家女，一心只爱种田郎。

不许日子不落雨，许下日子天阴着；
天阴落雨你莫来，门前门外脚印多。

脚印多来哥不怕，买双草鞋倒穿着；
小脚跟着大脚走，别人看起心难摸。

十五月亮圆又圆，想约情妹玩一玩；
走到妹家窗前看，妹在床上不敢喊。

正月香袋绣起头，未曾绣好哥来偷；
哥要香袋拿去戴，免得日后结冤仇。

二月香袋绣二纱，劝郎外头少贪花；
哥若贪花为花死，抛了金钱绝了家。

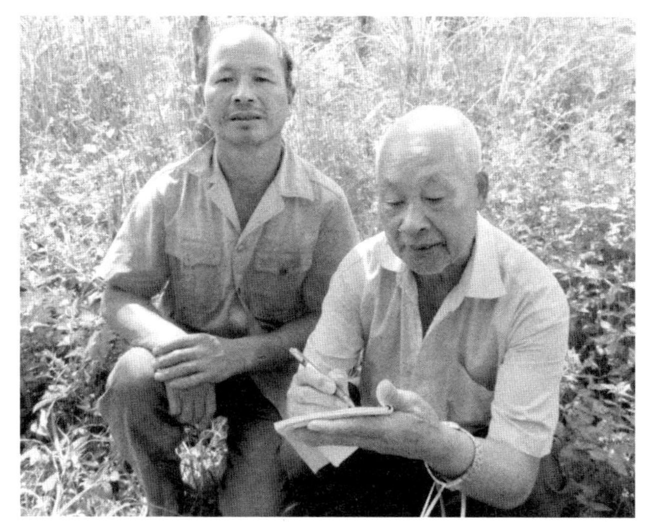
谢朝登老师（左）在向三江乡三寨村歌师盘贵强采集山歌／莫纪德 摄

三月香袋绣得好，绣个绣球隔壁抛；
哥得绣球怀中捧，免得日后把心操。

四月香袋想插花，哥想绣球太偏差；
连情不是短时过，耐心等妹把话发。

五月香袋绣朵花，问妹香袋送哪家？
妹若不嫌种田佬，想好就该把话答。

六月香袋绣好花，相思路上多道岔；
好像蜗牛才上路，慢慢挪来慢慢爬。

29. 冷水熬汤慢慢煨

（栗木镇陈远辉讲唱，莫纪德搜集，李成秋整理）

日头落岭岭落黄，蜜蜂过岭口含糖；
半口蜜糖半口水，半朝辛苦半朝香。

没唱闲歌人也老，没用闲钱也是穷；
大雪落在石岩底，没得日头也会融。

这山看到那山高，那边花树动摇摇；
不是少年歌不唱，不是檀香歌不骚。

先打镰刀把把弯，初初谈情实在难；
心中好比雷打鼓，脸皮好似火烧山。

不曾过水不知水，过水才知水浅深；
不曾交谈不知妹，交了情来妹有心。

吃了亏，篱笆烂了刺来围；
妹有好歌多唱点，哥是无歌把话陪。

莫唱了，那边大路有人来；
不是妹哥是妹嫂，回家挨打又难挨。

不怕数，石板磨浆慢慢挨；
若是丈夫看见了，两手提裤快走开。

隔江看见扛红笼，打开红笼卖门神；
妹卖门神哥卖鬼，大家都是一行人。

遍山遍岭苞谷地，没有一块是高粱；
满山满垌约贵妹，没得一个哥一双。

单身公，自家烧火自家吹；
三个柴头吹黑了，眼睛眉毛全是灰。

枫木枫，枫木树上挂灯笼；
哥挂灯笼妹挂线，风吹丝线绕灯笼。

上岭攀着苦楝树，下岭攀着苦楝枝；
吃饭吃着苦楝籽，穿衣穿着苦楝皮。

单竹单，竹子扎排下九滩；
下到九滩篾子断，上时容易下时难。

心莫急，冷水熬汤慢慢煨；
耐得烦来受得苦，有日太子得登基。

哥恨哥娘生哥早，妹恨妹娘生妹迟；
天上岩鹰还未老，两翅摇摇抓嫩鸡。

妹好高，得吃梅果想天桃；
妹讲不吃羊牯肉，为何夹着羊吊胞？

妹量小，有日寻意怕相交；
妹讲现钱交现货，深塘鱼崽你难捞。

（讲唱人：陈远辉，男，瑶族，栗木镇泉会村挖地歌、贺郎歌歌师。李成秋，男，瑶族，栗木镇栗木中学原校长，恭城瑶族自治县瑶族研究学会会员，2007 年逝世。）

30. 黄莺画眉放声啼

（恭城瑶族自治县李建宁搜集整理）

男：满山竹子高又高，砍根竹子来做箫；
吹箫惊动韩湘子，唱歌惊动我的娇。

女：随你唱，树尾挂铃随你摇；
竹筒装筷随你选，唱歌随你唱哪条。

男：劝你唱，为何唱歌你不答？
你曾开过饼子铺，熬糖未必会翻砂[①]。

① 翻砂：行业术语，指熬糖未溶解而变成颗粒状。

女：丝线拿来打网卖，到处人传是好麻；
旋风起在蒙古地，久闻哥你好飞沙。

男：初相见，初初相见人生疏；
新打剪刀难开口，不知怎样来称呼？

女：初相见，莫讲相见人生疏；
芭蕉放到缸里沤，一回生来二回熟。

男：初相见，初出鸭崽初下河；
麻布洗脸粗（初）相见，不知唱点什么歌。

女：初相见，初来就唱初来歌；
我是粗人穿粗布，粗布难配细绫罗。

男：放心唱，黄莺画眉放心啼；
我俩都是同林鸟，十分礼信你莫拘。

女：初学唱，妹是鸭崽初下河；
一怕河深风浪大，二怕滩头水急多。

男：放心唱，今天黄莺会画眉；
同林鸟崽今相会，何不开心唱一时。

女：没敢唱，嫩鸟出窝才学飞；
飞到枝头望树尾，树尾摇摇怕吃亏。

男：讲你听，哥也不是老行人；
新买电筒你放胆[①]，初酿豆腐你放心。

女：不敢唱，笼里金鸡不敢啼；
哥在高楼妹在下，哪敢同哥比高低？

男：石榴开花叶子黄，唱首山歌又何妨；
蚂蟥过水无脚印，水面抛刀无损伤。

女：不敢唱，旱田不敢插长秧；
妹是手长衣袖短，不敢同哥唱一场。

男：掌上生毛是老手，黑夜杀猪是老行；
久闻妹是歌师傅，上过几个赛歌场。

女：莫用高帽来夸奖，初初开口心里慌；
城墙外面摆摊子，外行哪比你内行？

男：妹谦虚，人参你讲小白薯；
那年歌圩来打擂，你当擂主谁能敌？

女：新打剪刀三钱重，哪能受得四两钢；
绒毛鸭崽初下水，哪敢歌海称豪强？

① 胆：指电筒灯泡，俗称电胆。

男：你莫推，你是山中老画眉；
你是山中画眉鸟，哪个花园你不飞？

女：哥莫夸，树生木耳不是丫；
妹的门上生白蚁，你讲门楼雕细花。

男：你老练，久闻唱歌你老行；
你是山中松柏村，经过几多风和霜。

女：我不推，我是山中嫩画眉；
我是山中画眉崽，不曾出翅哪会飞？

男：四两芝麻莫要榨（诈），半斤糯米莫推糍（辞）；
久闻妹是歌师傅，锅头厂里老锅（歌）师。

女：莫乱讲，乱讲乱说不应当；
我是六月芥蓝菜，丈大没曾见过霜（双）。

男：十字街头打铁铺，久闻你是老招牌；
急水滩头起水碾，久闻妹你最会筛。

女：颠倒来，手拿酒壶倒转筛；
你是歌师倒讲我，坐轿人把轿夫抬。

男：真是真，哥是早闻妹的名；
二十七钱摆三处，九文九文又九文（久闻）。

女：没爱听，手拿秤砣颠倒称；
哥是歌师反讲妹，明明四两喊半斤。

男：你会唱，歌声飞到桂林城；
外乡朋友来探问，哪个妹仔丈聪明？

女：丈大没曾唱过歌，见哥会唱我来学；
黄牛配鞍讲是马，白鸟下塘讲是鹅。

男：你会唱，恭城唱歌你头名；
那年听你唱一句，耳朵至今有余音。

女：利刀莫砍路边笋，笋子成竹好遮阴；
哥你莫讲奉承话，莫拿开水当头淋。

男：好相会，酒壶筛酒遇着林；
开沟恰巧遇着水，唱歌还望妹来陪。

女：手拿钓竿节节空，宁愿钓蛇不钓龙；
你给高帽我不戴，宁愿戴个竹叶蓬。

男：你会唱歌莫再推，你会喝酒莫辞杯；
画眉黄莺来相会，难得同唱这一回。

女：我是无柴烧磨手[1]，实在不知哪样推；
肚里无才不会唱，红薯落灶该了煨[2]。

男：妹你生得白飘飘，好像田中嫩禾苗；
妹是禾苗哥是水，禾苗还要水来浇。

女：哥你生得才是娇，好像后园金竹苗；
哥你是人不是竹，是竹拿钱买一条。

男：妹你生得白兮兮，好比园中花一枝；
蝴蝶看见不愿走，蜜蜂飞来不愿离。

女：难比你，你才长得花一枝；
走过塘边鲤鱼跳，走过山边百鸟啼。

男：见妹生得白蓬蓬，好像路边白芋蒙；
牙齿白白像美玉，辫子弯弯像盘龙。

女：不比你，真难比你大英雄；
挑担如同下山虎，犁田好比过江龙。

男：见妹生得乖又乖，不高不矮好人才；
两眼好比水银镜，照亮恭城九条街。

① 磨手：推磨的木料。
② 该了煨：方言，表示出乎意料的结果，有惊叹之意。

女：哥你生得才是乖，仪表堂堂好人才；
那天你从街上过，叫人望得发了呆。

男：妹你生得实在乖，如同仙女下凡来；
走路如同风摆柳，坐下好像牡丹开。

女：哥你生得实在乖，惹得仙女下凡来；
站在路边逗妹爱，走过园边引花开。

男：妹你人好又会妆，出水芙蓉飘淡香；
去到海边照水影，活活气死海龙王。

女：哥你又好又会妆，风流来派好堂皇；
走过海边照水影，龙女看见想断肠。

男：这条河水绿茵茵，不知是浅还是深；
丢个石头试深浅，唱首山歌试妹心。

女：鸟也不知鱼在水，鱼也不知鸟在林；
哥也不知妹的意，妹也不知哥的心。

男：路边杨柳绿荫荫，风吹杨柳动哥心；
哥问这蔸杨柳树，为何不给哥遮阴？

女：妹是江边苦竹笋，几时才能长成林？
日头晒到树底下，遮阴又像不遮阴。

男：小小鸭崽走塘基，小小娇鹅（娥）哪会知；
落花有意随流水，矮人总想上高梯。

女：小小鸭崽走塘基，小小娇鹅（娥）也会知；
鸭崽吃得黄连水，苦在心头不敢啼（提）。

男：哥问妹，问妹一年有几春？
妹你不是门神纸，到了明年又换新。

女：讲你听，劝哥问冬莫问春；
妹是寒冬孤寒女，贱脚难进富家门。

男：割了冬禾就犁田，挖了藕塘就栽莲；
真莲（连）趁早二月种，藕芽六月不值钱。

女：妹无福，墙头种菜妹无园（缘）；
哥是王子卖银藕，妹穷难得贵人莲（连）。

男：吃笋就在二月天，过了四月笋不鲜；
塘里有水不种藕，塘干再种不得莲（连）。

女：不敢想，九月塘干不想莲；
六月不想山头雪，初三不想月团圆。

男：哥命薄，天边月亮哥难摸；
鸡鸭难得共笼住，猫狗难得共一窝。

女：妹命薄，天边月亮妹难摸；
妹是贫穷哥富贵，矮树难招鸟做窝。

男：福分浅，竹子开花福分薄；
灯笼挂在竹篙上，望妹高灯远照哥。

女：衣袖笼灯走黑路，妹今劳碌又奔波；
三更落雪灯台里，难得成霜（双）陪伴哥。

男：哥家门口有蔸桃，望妹耐心挑水浇；
买块牛皮回家煮，一心一意望结胶（交）。

女：妹不敢，妹穷哥富不敢交；
狂风吹倒社王树，灶里无柴不敢烧。

男：讲一讲二你不信，讲三讲四你不听；
大海洗脸你讲浅，铜盆洗脸你讲深。

女：你讲好心我难定，水瓢记数难为凭；
街上买药被人哄，晒干萝卜讲人参。

男：哥不哄来哥不骗，旱田无藕又无莲；
望妹修心架（嫁）条枧，架枧引水进哥田。

女：竹子长长好架枧，刚刚架到哥田边；
见田有水妹不架（嫁），哥有好双妹不连。

男：岭边大田四四方，田中装水水栽秧；
秧不快长因为水，哥不成家因为双。

女：玫瑰花下种牡丹，哥你有双心还贪；
两马共鞍难下岭，双船共桨难下滩。

男：好难办，铜盆无盖哥是单；
铜盆无盖还有底，哥打单身实在难。

女：鸟在青山讲无树，鱼在深潭讲口干；
哥你有双这样讲，难怪单身人艰难。

男：大路有草哥无嫂，田基有泥哥无妻；
哥讲单身妹不信，十根肝肠断九支。

女：冬瓜有心又无嘴，茶壶有嘴又无心；
葫芦下水半浮起，恐怕哥是这号人。

男：点灯去睡哥无对，踏脚进房哥孤单；
孤雁落在枯枝上，口叫孤来夜叫寒。

女：天上星子哥难数，长江水长妹难量；
哥你无双妹难信，尺子难量哥心肠。

男：灯盏无油灯不亮，蜜蜂无花怎酿糖？
天上无云哪有雨，妹不连哥哪有双？

女：哥莫瞒，高山打鼓莫瞒天；
砂纸哪能包得火，手掌哪能遮得天？

男：可怜可怜真可怜，灶头铺床难抵烟；
哥讲无双妹不信，活活气死在路边。

女：月亮出来圆又圆，哥有好嫂哥莫瞒；
那天走哥门口过，见哥吃粥嫂嫌酸。

男：错了错，妹你错过别家门；
错把人双当哥嫂，错把砒霜给哥吞。

女：点灯去睡哥有对，踏脚进房哥有双；
那天走往哥门过，哥嫂帮哥晒衣裳。

男：哥无双，哥洗衣裳自己晾；
出门三天锁生锈，蜘蛛结网在哥床。

女：哥有伴，哥嫂生得乖又乖；
哥嫂乖乖得哥配，好比芙蓉配牡丹。

男：自己喝酒自己筛，自己关门自己开；
自己床铺自己睡，半边席子起青苔。

女：同哥丈大人有屋，同哥丈大人有家；
为何哥你这般大，还是单线又单纱？

男：同哥丈大人有屋，同哥丈大人有家；
　　豆角开花成双对，哥是铁树不开花。

女：猫不吃鱼妹不信，猫嘴为何有鱼鳞？
　　哥讲不吃黄皮果，转脸过边连子吞。

男：出门捡得铜顶针，人人讲哥捡得金；
　　人人都讲哥连妹，破缸装酒枉背名。

女：哥莫偏，一脚莫踏两只船；
　　莫学狂风吹烂藕，东也莲来西也莲。

男：纸扎金鸡不是凤，烂铁炼久不成金；
　　敢掏真心给妹看，给妹拿去上天秤。

女：妹不信，不信阿哥全是真；
　　海底捞月是假意，老糠磨米是空心。

哥：恨了恨，恨那花婆不公平；
　　分得男多女又少，害哥注定打单身。

女：哥莫恨，莫恨花婆不公平；
　　分得男女都不少，哥是单身妹单身。

男：铜钱滚到街中央，不知是阴还是阳？
　　一把筷条还未数，不知是单还是双？

风流歌

女：今早吃饭吃得忙，一根筷子掉下塘；
手中只有单只筷，看来看去不成双。

男：水面无风不起浪，铜锣不敲声不扬；
梅花开在雪山上，哪能不曾挂有霜（双）？

女：莫乱讲，乱讲给妹气断肠；
妹是六月种芥菜，哪个何曾见过霜（双）？

男：老实讲，上街买布老实量；
有人走往妹门过，看见妹郎坐厅堂。

女：生盐倒泼在地上，别人看见讲是霜（双）；
妹今还是孤单女，旁人乱讲嘴生疮。

男：月亮出来亮光光，月亮照见妹的床；
床头花枕有一对，床前鞋子有两双。

女：月亮出来亮光光，月亮照见妹的床；
半边席子睡烂了，半边席子起禾秧。

男：石榴开花叶子枯，妹讲无夫哥不服；
莲塘哪有不种藕，花生榨油怎无麸（夫）？

女：斑鸠树上叫咕咕，斑鸠同妹一齐哭；
妹无锅头哪有煮（主），妹无拐杖哪有扶（夫）？

男：有心无嘴是葫芦，有嘴无心是茶壶；
　　妹你莫讲茶壶样，有夫说是没有夫。

女：哥真毒，偏偏说妹有丈夫；
　　妹说无夫哥不信，妹愿剃头当尼姑。

男：妹你进庙当尼姑，哥也修心当庙祝；
　　初一十五钟敲响，早晚同妹共香炉。

女：但愿同哥共香炉，天长地久共祝福；
　　池里鸳鸯同戏水，湖中鲢鲤是一族。

男：谢妹送哥一双鞋，叫哥顿时心花开；
　　哥穿妹鞋长街走，几多欢喜涌心怀。

女：妹学做鞋是新手，望哥收鞋意长留；
　　收鞋就是定情意，我俩定情一百秋。

男：茶江河水清又清，送对手镯给我情；
　　手镯就是定情礼，河水就是哥媒人。

女：哥送手镯亮晶晶，妹收手镯领哥情；
　　手镯戴在手腕上，哥情留在妹的心。

男：送妹手镯哥定先，我俩定情结百年；
　　别人再问妹莫应，认定同哥美姻缘。

女：定了定，我俩定情结夫妻；
变蛇我俩同个洞，变花我俩共一枝。

男：定了定，我俩结交定百年；
哪个九十七岁死，奈何桥上等三年。

女：定了定，我俩定情永不丢；
除非竹篙生白笋，除非茶江水倒流。

男：我俩对歌唱不尽，日头下去天阴阴；
虽然我俩情意重，人不分离天分离。

女：我俩对歌唱不尽，日头下山天阴阴；
眼看我俩分离去，只恨没有日头绳。

男：唱歌唱到日落山，我俩深情唱不完；
妹拿钥匙哥拿锁，锁住日头在半山。

女：唱歌唱到日落山，我俩恩情唱不完；
但愿砍根长竹竿，撑住日头唱一番。

男：蜘蛛结网在树尾，气死蜜蜂不敢飞；
妹怕妹娘管得紧，不敢伴哥同路回。

女：竹篙当初做过笋，白布当初做过纱；
女儿心事娘也晓，以前当过妹仔家。

男：送妹送到大岭边，岭边杨梅颗颗鲜；
　　我把杨梅递给妹，心中苦来杨梅甜。

女：送哥送到大岭边，岭边杨梅颗颗鲜；
　　妹吃杨梅心酸苦，装笑答哥杨梅甜。

男：送妹送到大山岔，山岔鲜花满枝丫；
　　哥想摘朵给妹戴，又怕老妹嫌弃它。

女：送哥送到大山岔，山岔鲜花满枝丫；
　　别人摘花妹不戴，专等情哥来戴花。

男：送妹送到鸳鸯河，双手捧水给妹喝；
　　妹一口来哥一口，口口说妹莫丢哥。

女：送哥送到鸳鸯河，双手捧水给哥喝；
　　哥一口来妹一口，河水流少泪流多。

男：送妹送到金竹山，手攀金竹哭一番；
　　眼泪滴在竹竿上，六月日头晒不干。

女：送哥送到金竹滩，看见滩水妹心烦；
　　过了水滩哥难见，眼泪好比水下滩。

男：送妹送到分水沟，眼看分别心里愁；
　　泪落沟里鱼叹气，泪落路边草低头。

女：送哥送到分水沟，眼看分别心里愁；
手拿围裙抹眼泪，泪流脚下成水沟。

男：日头落岭岭在西，岭边鹧鸪咕咕啼；
句句啼出七个字：“哥妹永远不分离。”

男：实难舍，哥今和妹实难分；
不信你看刀砍水，要断河水万不能。

女：实难舍，妹今和哥实难分；
不信你看针和线，针行步步线来跟。

男：去了去了又转来，转来交代我的乖；
手拿钥匙交给妹，花园不许别人开。

女：去了去了又转来，转来交代我的乖；
出门落雨你莫走，一心一意等晴（情）来。

合：去了去了又转来，转来交代我的乖；
十年不来十年等，再不移花别处栽。

（李健宁，男，瑶族，恭城瑶族自治县文化局原副局长，恭城瑶族自治县瑶族研究学会第一届会长。）

31. 想妹一天又一天

（观音乡蒋礼发收集）

哥打鼓来妹打锣，哥吹木叶妹唱歌；
我俩结交情意重，海枯石烂不断交。

一把剪刀两面平，半边阳来半边阴；
你有情来我有意，成双结对共条心。

一条江水绿悠悠，两边种满红石榴；
妹摘石榴哥上树，同心合力共白头。

想妹一天又一天，想妹如同想只船；
江边无桥望妹渡，早来渡妹进花园。

秤杆上面星对星，一斤一两妹分明；
我俩结交讲实话，心心相印度青春。

蒋礼发先生在演唱打锣挖地歌 / 莫纪德 摄

32. 难选同心合意人

（观音乡杨才明搜集）

客人到，坐下来，烧斗烟，喷喷香；
到了哪方和哪方，先和朋友再连双。

不会唱歌学唱歌，不会耙田要水多；
不会读书学写字，请人写字要钱多。

配不起呀配不起，一头灯草一头油；
一头轻来一头重，哥家好来妹家穷。

乱喊乱唱也是歌，稗草下田也是禾；
昨日不知哥名姓，今日才知哥如何。

哥姓何来妹姓稗，稗草禾苗不相依；
禾串低头人喜爱，稗草伸头有人剷。

红薯地里种苞谷，苞谷地里夹棉花；
想得棉花织细布，又想苞谷送油茶。

33. 连双要连两同年

（三江乡黄宝川收集）

妹是山中一只凤，哥是海里一条龙；
凤在高山龙在海，几时龙凤得相逢？

这山望见那山高，那山脚下有莵桃；
那日妹从桃下过，桃花难比妹妹娇。

这山望见那山高，那山脚下有莵桃；
心想上树捡一个，又怕人多树子摇。

妹家门口有丘田，哥想借钱买半边；
五黄六月来看水，一来看水二来连。

高山头上一莵梨，还不开花等哪日？
早早开花早结果，万般宜早不宜迟。

十八世，有歌不唱留哪世？
横笛不吹当弩用，过了十八难转头。

十七十八正好耍，二十七八花正开；
三十七八人老了，挑水淋花花不开。

十八世，水推纸伞过平河；
过了平河难回转，过了十八难转头。

上山砍柴不用刀，只用脚踩手来摇；
连双不用媒人讲，打个八卦定短长。

路边青草打八卦，八卦栾栾测妹心；
妹若有心成双对，不怕旁人红眼睛。

那边山脚出火烟，不知烧瓦是烧砖？
有砖还要瓦来盖，妹今还要哥来连。

种田要种路边田，连双要连两同年；
多一岁来哥不要，少一岁来妹不连。

口唱山歌把妹逗，看妹抬头不抬头？
妹若抬头哥又唱，妹不抬头歌就收。

高山高岭种生姜，风吹姜苗到处香；
风吹姜苗香得远，几时同妹共爷娘？

我俩情义重如山，情深似海永不干；
乌云做伞遮得远，月亮做灯照得宽。

月亮出来亮光光，照到后园柑子黄；
情妹去了要回转，莫使情哥想断肠。

一张席子四个角，翻来覆去睡不着；
天长日久成了病，妹不成人因为哥。

风吹再大天不动，江水流去岸不移；
妹是长江千年水，哥做水里万年鱼。

34. 石板打碑妹有名

（三江乡大地村郑焱彬提供，莫纪德收集）

你歌哪有我歌多，我有七千八万箩；
因为那年涨大水，歌书塞断九条河。

新起瓦屋六个角，瓦屋墙上画金鹅；
当官得个名声好，不如养牛唱山歌。

高山顶上起凉亭，风吹日晒雨来淋；
妹是有心烧瓦盖，石板打碑妹有名。

大河涨水小河流，两边芳草结成球；
芳草结球哥难采，妹的情义哥难丢。

瑶山冲里种芭蕉，根深不怕大风摇；
只要妹今重情义，不怕别人暗开刀。

天上星多靠月明，田中稗草靠禾青；
哥是家贫来靠妹，靠妹良心放得平。

日头出来像朵金，妹娘生妹像观音；
妹是观音莲台坐，哥是唐僧来取经。

瑶山落雨雨噻噻[1]，丈好姑娘去砍柴；
何不到我湖广去，头插金簪穿绣鞋。

瑶山落雨雨噻噻，哪个农家不砍柴？
湖南地方那好耍，何必到我广西来？

夜了天，夜了猫崽叫连连；
猫走夜路为老鼠，哥走夜路为同年。

新起门楼三丈高，门楼头上插双刀；
两只岩鹰来晒翅，一刀割断九匹毛。

新起凉亭新又新，用尽功夫才起成；
叫妹回屋添瓦盖，墙角莫给雨来淋。

高机打布乱飙梭，耐烦心事织绫罗；
哥未成家因为妹，蜜蜂气死为花落。

八月十五月亮圆，蝴蝶飞进妹花园；
哥在花园看见妹，可惜与妹无机缘。

① 噻噻：当地俗语，象声词，形容雨落不停。

打鸟不如就杀鸡，连双不如自讨妻；
打了骂了同屋住，有病有痛有人怜。

见妹穿白又穿蓝，如同白马配红鞍；
情哥得坐红鞍马，死在黄河心也甘。

新打镰刀呗用磨，有心交娥不要多；
天上星多月不亮，半边月亮照江河。

日头落岭岭发黄，蜜蜂过界口含糖；
半口含糖半口水，半想功天半想双。

门前一块天门石，邀妹过来下象棋；
三十六颗棋盘子，棋盘难动子难移。

今天讲早没为早，日头出到半天高；
讲起唱歌我也爱，三更半夜爬起来。

鞋子不穿拿起走，衣服没穿抱起来；
暴暴[①]连双难开口，石板破鱼难下刀。

门口大田十二丘，清水耙田浑水流；
三十六个田麻口，随妹挑选塞哪头。

（讲唱人：郑焱彬，男，瑶族，恭城瑶族自治县三江乡歌手。）

① 暴暴：当地方言，初次的意思。

35. 塘里有鱼水不清

（三江乡大地村郑焱彬提供，莫纪德收集）

桥上打伞桥底阴，桥底鲤鱼有半斤；
半斤鲤鱼四两胆，哥今放胆连妹情。

久不唱歌哥才来，哥去平乐考秀才；
来回提个十字笼，钥匙生锈锁难开。

三天无盐吃淡菜，今天得妹把言开；
大旱三年没落雨，得妹交春涨水来。

妹讲不会哪个信，塘里无鱼水自清；
见妹今来把歌唱，不知迷倒几多人。

哥住深山山里来，十年难得赶次街；
邀人同喝几杯酒，不知得醉哪里来。

砍蔸大树拦江倒，两头泡水起青苔；
听妹讲到这句话，几多怄气在心怀。

大塘头，大塘荷花嫩幽幽；
自从残花无了主，妹不嫌意就来谋。

好莵旱菜叶子尖，妹是人伴人家连；
好酒挑去别村卖，空坛登在哥门前。

妹讲妹苦哥也连，就来和妹结同年；
当真哥家无米煮，无饭吃粥心也甜。

想吃桃子伴桃根，桃子好吃子难吞；
讲玩讲笑同妹讲，想要成双万不能。

妹莫愁，有哥在世妹莫忧；
阳春三月下谷种，八九月来总有收。

江边桃子路边花，哪人想要哪人拿；
花莵自古无人倒，怕妹一时眼睛花。

去年过路田没犁，今年过路禾出齐；
当初哥伴是哥伴，如今哥伴是人妻。

同是那日熬的酒，封后没到酒坛边；
如今邀妹打丌看，问妹酒酸是酒甜？

哥你莫把妹来气，好酒不见人来吃；
等哥不见哥的面，逼不得已做人妻。

风把半天云内过，雨打半天云内来；
哥做和尚不本分，总去吃荤不吃斋。

同年好好眼前花，莫用真心去连他；
五黄六月无米煮，不见同年送一抓。

想吃广菜多围园，想吃白米多种田；
妹你想要成双对，耐烦十五月亮圆。

火烧灯草节节断，妹想连哥要耐烦；
三十晚夜洗蚊帐，今年不干明年干。

剪刀落地十字架，生死要扳这朵花；
钢刀架颈哥不怕，五马分身任由它。

36. 初一十五去看双

（三江乡大地村郑焱彬提供，莫纪德收集）

初一早晨去看双，见双得病睡高床；
双手扒开红罗帐，问双想吃哪一行？

初二早晨去看双，买包饼子买包糖；
双讲一样都不想，喊哥莫离她身旁。

初三早晨去看双，看双想吃占鸡[①]汤；
我劝我双多吃点，人是铁来饭是钢。

① 占鸡：方言，即将生蛋的母鸡。

初四早晨去看双，两手扶双难起床；
喂双鸡汤双不要，推开鸡汤泪汪汪。

初五早晨去看双，见双消瘦脸又黄；
喊双不见双答应，见双两颊泪两行。

初六早晨去看双，穿起草鞋走四方；
哪个药师诊得好，门口大田写一厢[①]。

初七早晨去看双，见双昏迷躺在床；
双手推双双不醒，好比尖刀刺心房。

初八早晨来看双，见双牙齿硬邦邦；
两手抱双不舍放，眼泪流湿半边床。

初九早晨去看双，背起包袱找寿方[②]；
女人寿方五尺五，男人寿方六尺长。

初十早晨去看双，看双屋里打道场；
两边都是亲朋友，中间留路哥上香。

十一早晨去看双，看双埋在哪一方；
埋在东边当大路，来来往往好上香。

① 写一厢：出售一块田。旧俗，出卖田产须写契约为据。厢：量词，一块或一丘。
② 寿方：方言，棺材。

十二早晨去坟场，细雨霏霏漫山岗；
先插神香后点烛，喊声娇娥领钱粮。

十四早晨回到乡，心力交瘁断肝肠；
哥恨天公不作美，害我与双隔阴阳。

十五早晨天没亮，哥在梦中见了双；
梦中阿妹跟哥讲，做人一定要坚强。

37. 要尽千般哪赛双

（栗木镇泉会村陈远辉讲唱，李成秋整理，莫纪德搜集）

一路东来同路去，一路西来同伴回；
衣袖里头扎歌本，手扛凉伞唱歌回。

实在难舍也要舍，实在难离也要离；
掏钱买把飞鹅剪，剪开衣袖两分离。

讲了不丢就不丢，捡个石头丢下沟；
捡个石头丢下水，石头浮面我才丢。

讲了不丢就不丢，捡皮[①] 鸡毛丢下沟；
捡皮鸡毛丢下水，鸡毛沉底我才丢，

①皮：方言，片。

讲了当真就当真，紫竹夹园才是真；
清早出门撒菜籽，今日就要菜尝新。

辣椒叶子片片尖，问妹真连是假连？
真连连过六十岁，假连连个两三年。

讲了要连就要连，不怕官司打上天；
不怕官司打下省，官司了案又来连。

打不怕来骂不休，前门打了后门溜；
前门打了后门走，后门骂倒耍风流。

哥十八来妹十七，哥变鹰鸾妹变鸡；
哥变鹰鸾来吊妹，半天云雾变夫妻。

吃饭不愁舀饭愁，眼泪流到碗里头；
不想连双吃半碗，想起连双连碗丢。

抬起鼎锅当钟打，关起大门唱山歌；
爹娘骂我败家仔，生辰八字奈不何。

唱歌姊妹真姊妹，落眼秀才假秀才；
读书还要笔墨写，唱歌只从肚中来。

高山望人望不清，平地望人像观音；
几时得到观音妹，死在黄河也甘心。

高山画眉叫一声，平地画眉尽接音；
两个画眉同口时，可惜同口不同音。

画眉鸟崽叫哀哀，何不叫到这山来？
我手拿马尾金丝套，总有一天套你进笼来。

讲起唱歌我也爱，半夜三更爬起来；
鞋子不穿拿起走，裤子不穿搂起来。

昨夜唱歌在岭背，今夜唱歌过岭来；
不为萝卜不扯菜，不为消磨不得来。

风吹木叶朵朵白，劝妹唱歌莫做客；
妹唱山歌莫怕丑，四处乌鸦一样黑。

风吹木叶朵朵欢，在家做女好作难；
在家要受爹娘管，出门又怕别人谈。

高山砍柴柴架柴，摇动蜜蜂过岭来；
蜜糖好吃花难采，娇娥好耍路难来。

高山砍柴刀刀响，新柴难砍路难挑；
爹娘骂妹去得久，何曾路上有结交？

砍柴娇，为何今日不来邀？
若是今日邀了哥，良兄包砍又包挑。

高山砍柴把对把，平地插禾行对行；
我俩唱歌个对个，不要别人打帮腔。

割草还要镰刀利，镰刀不利草不齐；
连双还要姻缘配，姻缘不配两分离。

割草卖，担担摇摇挑上街；
卖了半斤搭四两，留出半斤挂招牌。

茅草盖屋哪赛瓦，竹子夹园哪赛墙？
吃尽千般哪赛米，耍尽千般哪赛双？

大河涨水小河清，两边都是钓鱼人；
钓鱼不到不收钱，连双不到不收心。

钓鱼不到下长江，连双不到往北方；
东方不亮西方亮，总有一方出太阳。

大海中间起古庙，五湖四海水来潮；
人多难讲私情话，水深难架洛阳桥。

老的好，五香八角老的香；
好像后园麻缨果，老的甜来嫩的酸。

老了难，老了唱歌难转弯；
不比早年十八岁，这边唱过那边山。

不为老，今年才是九十三；
阎王注定一百年，还有七年好攀花。

不为老，今年刚刚九十三；
豆腐打汤塞牙齿，请人抬轿把花攀。

望到日头过了江，家中无米莫留双；
家中无米莫留妹，怠慢几多情谊双。

望到日头过了江，犀牛带崽下蓬圹；
犀牛难舍蓬圹草，良兄难舍妹回堂。

望到日头过了河，家中无米难留哥；
妹子心中打一想，转回家中杀鸡婆。

日头落岭岭落西，黄茅岭上鹧鸪啼；
黄茅岭上鹧鸪叫，时时叫着不分离。

日头落岭又转东，哥骑白马妹骑龙；
哥骑白马长街耍，妹骑黄龙过江东。

三十三天天靠天，瓦靠楼梁楼靠砖；
哥打单身来靠妹，半边月亮靠团圆。

同班姊妹唱更歌，好容得易会得着；
禾拱挖沟通大海，天边月亮手难摸。

吃得好多做好多，生辰八字奈不何；
好像芋苗叶上水，多得一点又泼落。

吃要吃来穿要穿，耍要耍来连要连；
羊毛出在羊身上，何曾卖了祖宗田。

连就连，要哥包吃又包穿；
要哥包妹包到老，最少包过六十年。

连就连，哪个包吃又包穿？
锣打三年也要烂，鼓打三年也要穿。

辣椒叶子片片尖，哪个包吃又包穿？
世上凡人都一样，哪个连过六十年？

配不起，一头灯草一头油；
灯草又轻油又重，郎见年老妹年轻。

枉费了，枉费一人在世间；
笋子上林风吹断，有头无尾不心甘。

斑鸠树上叫咕咕，问妹良田租不租？
妹妹良田租给我，别人加五我加六。

青石架桥白石镶，架过黄河九渡江；
良兄离妹离得远，万般留在妹心肠。

打烂花碗砌花街，得罪妹子大不该；
大河也有回弯水，慢慢回心转意来。

妹仔江边洗菜葱，兄放木排下广东；
妹今有话搭早讲，排到广州放大风。

三蔸杉树一样高，不知哪蔸好架桥；
两个姑娘一样好，不知哪个好结交。

（以下属栗木镇泉会村肖玉英讲唱）
连就连，连双连到一百年；
哪个九十七岁死，洛阳桥头等三年。

唱歌不是妹发癫，早年有个古人传；
早年有个刘三姐，她唱山歌成了仙。

收心好，早早收心做好人；
还不收心讨米了，筒古挂腰不离身。

大雨落来小雨淋，我打把伞来过茅坪；
过了茅坪收了伞，妹今收伞弟收心。

得意来，得意来寻单棍柴；
得意来寻单棍树，手攀桂树望花开。

妹屋门口一蔸槐，槐树高头扎戏台；
早来三天有戏看，迟来三天拆了台。

不来了，隔河狮子不来调；
隔河狮子不来耍，劝妹拆了洛阳桥。

你讲不来就不来，妹有好花别处栽；
妹是后园松柏树，金鸡飞去凤飞来。

唱得好，身体摇摇唱得乖；
唱得大山团团转，唱得芙蓉朵朵开。

唱歌姊妹真姊妹，落眼秀才真秀才；
落眼秀才长街耍，唱歌好比坐莲台。

唱歌人，你是哪年哪月生？
什么时辰生下地，什么时辰来踩生？

莫盘根，八月十五子时生；
百课先生[①]舞八字，土母娘娘来踩生。

久不唱歌忘记歌，久不撑船忘记河；
久不读书忘记字，久不写字错字多。

① 百课先生：旧指为人课算生辰、五行的人。

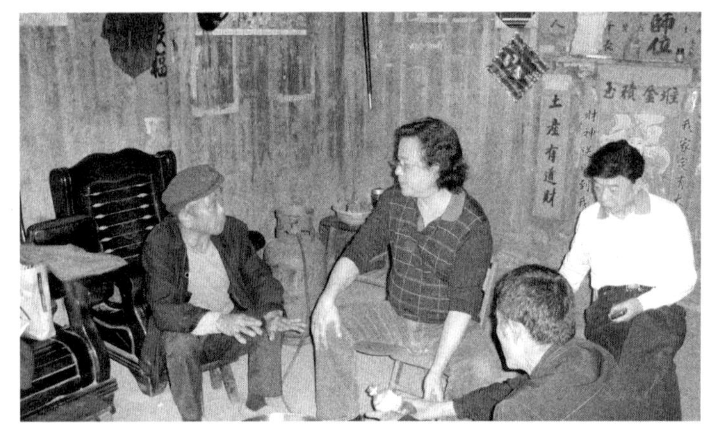

2008年广西艺术学院原院长唐力（左二）深入栗木镇泉会村采风，与歌师陈远辉亲切交谈 / 莫纪德 摄

东方不亮西方亮，总有一方出太阳；
看好埠头才撒网，踩稳石头才过江。

同班姊妹唱山歌，好朋好友会得着；
田里挖沟难通海，天上月亮手难摸。

养鸟不如养笼鸡，连双不如自讨妻；
讨妻之年生贵子，连双三年是空的。

人到三十要攒家[①]，莫拿钱米乱糟蹋；
何不攒钱讨一个，天晴落雨洗衣袜。

天不平来地不平，这边落雨那边晴；
哥在那边撑凉伞，妹在这边挨雨淋。

① 攒家：积攒家财。

妹妹生得像朵花，莫让日头晒坏她；
上街买把清凉伞，上遮日头下遮花。

挑担要挑平平坦，莫挑头重一头轻；
连双要连一样老，莫连哥老妹年轻。

有吃无吃丢开边，出门三步唱歌先；
要是阎王勾了簿，万贯家财也枉然。

唱歌不见挑歌卖，连双不见带双回；
姜公钓鱼吃空饭，朝日连妹受孤寂。

38. 好柴烧火不用吹

（西岭镇新合村邓玉珍讲唱，赵元强搜集）

今早起来雾沉沉，不知落雨是天晴？
晓得落雨拿把伞，晓得妹好早来寻。

今早起来雾沉沉，不知落雨是天晴？
天晴又讲日头晒，落雨又讲雨来淋。

天晴又讲日头晒，落雨又讲雨来淋；
来早又讲哥来早，来迟又讲哥无心。

今早起来雾沉沉，拿起鸟炮打岩鹰；
打鸟也要眼水[①]好，连双也要耐烦心。

高山岭顶种竹根，种竹只望竹成林；
连双指望双照顾，火烧荒山望雨淋。

高山岭顶种竹根，路远难来挑水淋；
路远难来照顾哥，难来照顾哥成人。

高山种竹竹尾稀，竹子成林妹莫依；
哥是穷家妹不恋，等哥富裕妹莫疑。

莫怕日头莫怕天，莫怕妹夫在面前；
妹夫不管妹的事，随妹风流三五年。

哥讲实话给妹听，丈夫不恋恋谁人？
丈夫也恋哥也恋，这种才是好良心。

打仗莫怕枪和刀，连双莫怕要坐牢；
妹喊哥连妹担保，天大事情妹来包。

不怕死，怕死不敢把妹连；
砍头如同风吹帽，坐牢如同坐花园。

---

①眼水：方言，眼力。

抬头望见九江河，九江河里乱风多；
三月桃花到处有，劝哥千祈莫贪多。

妹是有心今日连，莫要推辞到明天；
我俩好比灯头火，黑了何曾吹得燃。

高山顶上有根藤，细细开花十二层；
只有风吹花落地，哪有风吹花上天。

过桥又怕桥木断，过水又怕水湿身；
心想和妹平排走，又怕这条路不平。

过桥莫怕桥木断，过水莫怕水湿身；
哥有真心来连妹，莫怕别人斜眼睛。

上山砍柴不用刀，只有脚踩手来摇；
连双不用媒人话，只用眨眼动眉毛。

心想连双动眉毛，千祈莫把手来摇；
旁人看起不好看，丈夫见了气难消。

上山莫怕山头高，上树莫怕树尾摇；
有心连双不怕死，莫怕旁人放火烧。

笋子出来节节空，我俩连双莫漏风；
燕子含泥莫开口，我俩连双在肚中。

芥菜开花细眯眯，妹有良心哥也知；
旁人说话妹莫听，人心隔肚树隔皮。

好柴烧火不用吹，我俩连双不用媒；
只要我俩心自愿，哪怕旁人说是非。

蒜子出头慢慢长，再好情意慢连双；
哥是难测妹心事，人心难测水难量。

打把镰刀割草卖，谁知割起自家烧；
连哥一心望解闷，谁知怄气又来淘。

打把镰刀半边月，妹的心思硬如铁；
好言劝妹千千万，好比水过芋苗叶。

当初和哥讲得来，讲得风来雨又来；
如今和哥生疏了，雨到山头风打开。

当初和妹讲得来，讲得风来雨也来；
如今和妹生疏了，窄路相逢妹闪开。

我俩情意重如山，海里水深挑不干；
乌云做伞遮得远，月亮做灯照得宽。

千祈莫讲妹的心，讲起妹心海样深；
一把蜜糖甜哥嘴，二把黄连苦哥心。

讲过一心就一心，不会多心恋别人；
如今就像芭蕉树，从头到尾一条心。

39. 唱个山歌来搭桥

（西岭镇新合村赵元珍讲唱，赵元强搜集）

妹真乖，唱一唱二你不来；
唱三唱四你来了，日晒油麻望口开。

听你唱歌心就开，家中无米吃水来；
不信你到家中看，茶杯还摆在高台。

一路唱歌一路来，一路买花一路栽；
买花买到妹门口，问妹花园几时开？

唱歌好来唱歌乖，唱得心花朵朵开；
唱得画眉吱吱叫，唱得鲤鱼上高台。

情妹唱歌那么会，哪个学堂做学生；
必定跟过刘三姐，不然唱歌这样能。

唱得好来唱得乖，唱得牡丹朵朵开；
花开引得蝴蝶转，清潭起浪引鱼来。

猛虎头上打三锤，情妹唱歌给哥赔；
若是情妹赔不起，哥的包袱给妹背。

唱就唱，我俩打铁锤对锤；
唱歌好比车筒水，一筒去了一筒回。

唱歌妹，几大和你赛一回；
无角黄牛和马打，大家都用劲头擂。

唱歌友，时时念你在心头；
这时碰到唱歌伴，无米吃水妹不忧。

唱就唱，谷子上磨推就推；
哥是新兵才上阵，打仗输了妹莫追。

妹同年，教唱山歌多少钱?
教唱山歌多少米，我愿跟你学三年。

妹有山歌万万千，何必又在老发癫；
木头鬼仔前面走，明明后面有线牵。

你发癫，凉粉拿来锅里煎；
唱歌你是老师傅，哪能跪在我面前?

哥若有心教妹唱，妹愿跟哥学三年；
有朝一日学到手，南蛇变龙妹变仙。

妹会唱，百年出名妹会玩；
从小跟过江湖佬，赤脚能够上刀山。

哥莫忙，莫来同妹讲笑玩；
今日见妹不要怕，妹今不是辣椒汤。

大路堂堂人来往，你走一方我一方；
无声照脸擦身过，两人回头望太阳。

你是远方来的客，来得匆忙去得忙；
好花不得采一朵，好酒不得一杯尝。

冬天下雪又下霜，穷人衣少围火塘；
你比火塘还要暖，一近我心暖洋洋。

莫心忧，心忧多多眼泪流；
一造不成种二造，晚禾结谷头也勾。

不会插秧你莫忧，不会种田先使牛；
不会唱歌先跟妹，不会炒菜先放油。

初相会来初相逢，白米上街价不同；
白米上街天天有，这样情哥难相逢。

公鸡下蛋没有望，重打锣鼓另开场；
你走江湖见识广，为何见我心就慌？

我到石山来避雨，你到石山来避风；
你避风来我避雨，天赐良缘得相逢。

眼角起皱我不愁，镜中发白我不忧；
月过十五光明少，人到老年万事休。

万两黄金容易得，知心一个也难求；
你愿和我做知己，无米吃水我不忧。

上山打柴不用刀，看见干柴用手摇；
连情不用媒拉线，唱个山歌来搭桥。

雨天种菜不用浇，江边挑水不用瓢；
我俩交情不用讲，唱首山歌来架桥。

上山不怕山顶高，上树不怕树尾摇；
你是野马满山跑，我有软藤把你掏[①]。

年过三十未曾休，我俩世界才开头；
苞米生须身未老，冬瓜白头叶还抽。

唱就唱在这两天，玩就玩在这两年；
再过几年人老了，莫讲人嫌鬼也嫌。

①掏：方言，绑、捆。

高山岭顶有口锅，揭开锅盖有只鹅；
几好只鹅不成对，几好后生无老婆。

好笑多，妹同哥哥讲老婆；
莫笑青蛙不像样，也有头来也有脚。

手中无米莫叫鸡，栏中无牛莫开犁；
家穷莫怪祖坟地，屋漏莫怪瓦格稀。

年过三十守孤凄，烂被一张像狗皮；
手拿枕头拍床板，这张鬼床不招妻。

牛角扳直空费力，水中捞月枉心机；
陪郎去看新媳妇，笑得正好是人妻。

人到年老真背时，唱歌还受妹来欺；
着袍讲是孔夫子，穿棉讲是马留皮。

崩牙吹箫漏了气，见人唱歌头就低；
不像当年十八九，几多蝴蝶被花迷。

未曾老，今年刚刚九十一；
画眉长寿一百岁，还有九年共你啼。

昨夜三更大雨来，雨打花园牡丹开；
别家花园走成路，妹家花园起青苔。

你聪明，身又苗条人又灵；
走路如同风摆柳，唱歌好比打八音。

妹笑死，鸭子下塘踩死牛；
还有一个更好笑，老鼠扛猫过墙头。

好水洗衣不用锤，好妹连双不用媒；
妹吹木叶哥吹哨，我俩唱歌同一回。

小小公鸡尾拖拖，展翅踢脚赶鸡婆；
鸡婆飞到屋顶上，两眼眨眨奈不何。

吹起木叶唱起歌，歌声飞过九重坡；
歌声飞过九重岭，和妹唱到日头落。

尽管唱，麻篮有耳尽管提；
如今唱歌无规矩，后生讲话无高低。

唱歌要唱十把排，三头五句你莫来；
三头五句你莫唱，莫来打坏我招牌。

不会唱歌哥莫怪，不会渡船哥莫开；
妹是广东咔叽布，剪刀不利你莫裁。

特定来，特定来找河边柴；
特定来找河边笋，来找情妹唱几排。

担子难挑力气小，肚子无歌口难开；
初学把戏难出手，勉强如何做得来？

高山种田望天水，日晒芝麻望口开；
三更望妹歌声起，妹一唱歌哥就来。

唱得好，唱得云开天也开；
唱得狐狸团团转，唱得金鸡把头抬。

腊肉吃多臭火烟，也想格外买新鲜；
不信请看南竹笋，旧的不如新的甜。

腊肉放酒放盐腌，风味可口又香甜；
隔夜牛肉炒芹菜，味道还是很新鲜。

腊肉吃多人起火，送到嘴边不想吞；
尝点新鲜荔浦芋，也是顶得开了荤。

日头出来晒高岩，高岩顶上桂花香；
妹是好花飞千里，哥是蜜蜂远飞来。

天上起云风打开，门口晒谷鸟飞来；
桂花吐艳蜂来采，有花就有蜜蜂来。

妹在河边洗嫩葱，哥撑帆船去广东；
妹你有歌搭早唱，船下滩头难回头。

好条江水好条龙，好过日头出在东；
好个姣娥隔路远，哪知今日得相逢。

好鼓不用打重锤，好双结交不用媒；
有心结交把歌唱，唱起山歌牵手回。

妹是好花朵朵鲜，哥是莲藕在塘边；
几时得花排藕种，花也香来藕也甜。

思想黄金命又薄，天高明月手难摸；
妹是山中树又矮，树矮何曾有鸟落。

妹是好花千里香，哥今想妹断肝肠；
千里开田来就水，万里坐船来会双。

想妹迷，想妹迷迷饭不吃；
吃饭好比吃沙子，吃肉好比吃木皮。

一想情哥泪不干，好似火烧金竹山；
从早想到日落岭，梦中还是想哥难。

今早吃饭不下喉，眼泪流在碗里头；
不想情妹吃半碗，想起情妹连碗丢。

二想情哥如麝香，时时记哥在心肠；
万贯家财妹不想，只想和哥得成双。

早饭半碗难吃完，哥吃半碗算一餐；
十字路头来等妹，半碗不吃也心甘。

三想情哥和我心，一条河水选一人；
要选人才处处有，难选同心合意人。

点灯进房思想妹，吹了明灯思想双；
梦中同妹同床睡，醒来还是睡空床。

四想和哥排对排，堂屋灯盏配灯台；
八仙桌子配高凳，妹今命苦配不来。

一更想妹睡不宁，二更想妹望天星；
三更想妹情意重，四更想妹到天明。

五想拿绳装套索，不套金鸡套阳雀；
金鸡阳雀妹不套，单套哥心是如何。

想妹想得脚打飘，跌了一跤又一跤；
连跌三跤爬不起，想断肝肠死为姣。

六想情哥像朵云，日晒不给妹遮阴；
十字街头卖凉粉，为何不救口渴人？

想妹十七又十八，想得心痛病成痧；
不信妹到哥屋看，罐子煨药来当茶。

七想和哥起凉亭，别人量妹起不成；
望哥和妹争口气，起个凉亭来躲阴。

想妹走到江边坐，江水流少泪流多；
眼泪流多头也痛，抬头不起为姣娥。

八想和哥结交连，好个月亮缺半边；
若还你哥有情意，有心有意两团圆。

南竹笋子节节空，时时想妹在心中；
日里想妹不见影，夜晚想妹在梦中。

九想情哥快快来，妹在房中绣花鞋；
哥派波丝来牵线，魂魄来了人没来。

想妹迷，想妹眉毛一展齐；
想妹一口白牙齿，不曾说话笑眯眯。

十想和哥配鸳鸯，上山下河得成双；
你砍柴来我做饭，同桌吃饭喷喷香。

唱首山歌把妹逗，看妹抬头不抬头？
马不抬头吃嫩草，妹不抬头耍风流。

莫那讲，你若那讲妹难当；
妹是日头才出岭，哥是龙船早下江。

去年见妹嫩幽幽，三两头发四两油；
如今做了人媳妇，冷水洗头眼泪流。

莫那讲，你若那讲妹难当；
妹是后园嫩韭菜，早怕日头夜怕霜。

妹不唱歌哥晓得，妹的家中有角色；
不曾出门交代妹，路上野花莫乱摘。

哥也莫讲哥老实，你是山中老画眉；
吃过几多蛋黄米，踩断几多枯树枝。

妹讲情哥乱采花，五湖四海随妹查；
你若查出哥乱恋，磨把钢刀给妹拿。

不知情哥为哪桩，近方不恋恋远方？
我妹不是路边刺，不会挂烂哥衣裳。

（讲唱人：赵元珍，女，瑶族，西岭镇新合村歌手。）

40. 我从瑶山到恭城

（西岭镇新合村邓华秀讲唱，赵元强搜集）

清早起来把门开，一对蝴蝶飞进来；
眼见蝴蝶心里想，莫非小妹到村来？

回忆过去见妹常，见妹笑容妹端庄；
二人同把真情诉，海誓山盟在茶江。

相别已有一年上，梦中常伴妹身旁；
今日上街闯一闯，愿妹能到我家乡。

春夏秋冬四季天，花开花落又一年；
山清水秀春常在，缺少情哥在身边。

阿妹想哥好凄凉，千里迢迢到茶江；
江边男女成双对，不知情哥在哪方？

为想阿哥心就憔，日晒雨淋风又吹；
晚来枕边暗流泪，千两黄金换不回。

三年不见桃花开，今遇情妹远方来；
牛郎织女今朝会，人逢喜事乐开怀。

一路唱歌一路寻，我从瑶山到恭城；
有缘与哥来相会，功夫不负有心人。

今日得见妹容颜，几多相思在嘴边；
自从和妹分别后，望穿秋水泪涟涟。

梧桐树上落画眉，与哥重逢笑微微；
有缘千里来相会，愿结鸳鸯比翼飞。

记得从前两相依，阿哥也曾犯相思；
瓜果成熟哥快摘，莫待果落剪空枝。

正月想妹是新年，福禄寿喜贴门前；
家家都吃过年酒，唯有和妹不团圆。

正月想哥是新春，灯笼高挂在前门；
别人夫妻同饮酒，唯有阿妹独自吞。

二月想妹是春分，风吹枯草又转生；
燕子飞来又飞去，不见情妹转回程。

二月想哥百花开，一对斑鸠飞过来；
蝴蝶成双又成对，山伯气死为英台。

三月想妹是清明，家家户户去上坟；
别人双双都有伴，唯有阿哥独自行。

三月想哥桃花香，蝴蝶飞舞采花忙；
为妹登高向南望，不知情哥在何方？

想妹想到四月八，家家户户把田插；
为妹良田哥不种，良田丢荒也随它。

四月想哥想得慌，手提竹篮去采桑；
手攀桑枝无心采，一心思想我的郎。

五月想妹是端阳，风吹稻花满垌香；
全家同饮雄黄酒，不见情妹断肝肠。

五月想哥龙船扒，船到江心起浪花；
驱散一对鸳鸯鸟，触景生情泪如麻。

六月里来稻谷黄，骄阳似火热难当；
哥得见到妹人影，烈日当头心也凉。

六月想哥六月六，不念如今念当初；
隔山隔水音隔断，何日得见我的夫？

七月想妹是立秋，春去秋来更心忧；
枕边长流相思泪，床底好似灌田沟。

七月叹妹七月七，牛郎织女配夫妻；
喜鹊搭桥可相会，哥遥妹远各东西。

八月想妹是中秋，阿哥独自在街头；
买好月饼来找妹，上街拿到下街游。

月儿圆圆照九州，几多欢喜几多愁；
家家都吃团圆饭，唯有阿妹难下喉。

九月望妹是重阳，菊花酿酒满屋香；
举杯饮酒装不下，面黄肌瘦为了双。

九月思哥石榴黄，可惜情哥在他乡；
何日得见哥的面，金鸡成对又成双。

十月里来是立冬，天遥地远难相逢；
鹭鸶失散何处找，哥在西来妹在东。

十月想哥初冬凉，为哥孤寒对空床；
自己铺床自己睡，眼泪溜溜到天光。

十一想妹雪花飘，哥是腊梅伴雪交；
呼天唤地妹不到，真想拿头去碰刀。

十一想哥雪茫茫，为妹抹泪走进房；
多想听哥暖心话，免得雪上又加霜。

十二望妹又一年，肝肠想断不得连；
年头望到除夕夜，魂魄不见到身边。

十二想哥腊月天，想哥夜夜不成眠；
打个翻身说梦话，我俩几时才团圆？

一送情妹出了村，二人难舍又难分；
有气无力问声妹，问妹几时转回程。

阿哥送我出了村，难舍阿哥泪涟涟；
待到明年春风起，自然回到哥身边。

二送情妹到桥头，难舍难分泪长流；
两眼望妹悠悠去，不知何时转回头。

阿哥送妹到桥头，金狮难舍彩绣球；
金鸡难舍凤凰去，我俩生死永不丢。

哥也单来妹也单，意齐都是好孤单；
意齐都是孤单鸟，何不飞来共一山？

斑鸠树上叫咕咕，叫得哥哭妹也哭；
哥哭只为无妻子，妹哭只为无丈夫。

蚊帐里头挂绫罗，夜夜想双睡不着；
床头眼泪滴成井，床底开沟通大河。

新逢新会两相交，千山万水架福桥；
妹想一心和哥恋，不知哥想是如何？

真是连哥没连人，妹是蜜桃一颗心；
说哥莫听别人话，别人乱讲会丢情。

十二留心为祝英，桃园义重莫丢情；
石板刻碑留古记，哥留古记妹留心。

这山望见那山低，那边岭上鹧鸪啼；
鹧鸪有伴双双叫，妹今无伴好孤凄。

好久不见妹的哥，今日见了老得多；
三天不得大哥见，夜晚睡觉眼泪多。

喊声哥哥你听着，不会唱歌跟你学；
学会唱歌实在好，只得开心又娱乐。

桂花开花香又香，桂花树下好阴凉；
桂花树脚把歌唱，桂花树上挂灯笼。

人人学会唱山歌，唯有唱歌最快乐；
只有唱歌井水好，唱歌如同吃补药。

假如天天闷沉沉，吃尽龙肉不养身；
唱歌乐观春常在，生活再苦有精神。

劝君延寿靠宽心，忧忧愁愁也枉然；
不爱唱歌人快老，良田丢歇草生青。

盐是那咸醋那酸，劝哥体弱靠心宽；
富贵不能吃金子，贫穷照样吃三餐。

五十过了六十多，一家老少好娱乐；
人家娱乐唱调子，我爱娱乐唱山歌。

讲起唱歌就唱歌，一唱唱到那边河；
那边姐妹听见了，喊我进屋把酒喝。

唱歌越唱越心开，河边挑水上街来；
挑来河水好熬酒，引来山歌好搭台。

想哥想哥真想哥，白天黑夜睡不着；
三更半夜想着你，眼泪流成一条河。

哥真心来妹真心，二人真心贵如金；
同甘共苦混到老，绝不添油换灯芯。

一棵大树白生生，上无叶子下无根；
只要小哥挨妹好，上长叶子下长根。

唱一声来回一声，咬破手指试哥心；
只有好酒不掺假，哪有情哥不变心。

送哥送到大路边，望望无人把手牵；
哪天回来告诉妹，十里路上来团圆。

（讲唱人：邓华秀，女，瑶族，西岭镇新合村歌手。）

41. 邀妹一齐去花园

（西岭镇新合村赵元强搜集整理）

初起歌堂来邀妹，邀妹一齐去花园；
来到园中多舍意，哥妹同台真有缘。

赵元强与西岭镇新合小学女教师蒋祝娟合影 / 莫纪德 摄

初来到，初初来到贵歌台；
寒子进台不懂礼，万望贵人指路开。

远方客人真舍意，来到寒村好懂礼；
唱起山歌赛三姐，我们向你来学习。

来到贵村礼义多，吃饱饭来又唱歌；
我是初到不会唱，害了贵人操心多。

唱首山歌把妹逗，看妹抬头不抬头？
妹若抬头把歌唱，妹不抬头把哥丢。

对面阿哥好心多，我是初来初次学；
哥若有心来邀妹，陪哥同台唱山歌。

见妹生得像朵花，十人见了九人夸；
和妹唱歌天天想，时时想妹度年华。

哥若真心妹真心，我俩歌堂共知音；
唱起人生好理想，山歌越唱越有劲。

42. 歌变蜜蜂飞过来

（莲花镇龙围村黄春益讲唱，黄连芳搜集）

男：对山唱歌山会响，对水唱歌水回音；
　　见妹半天不言语，不知妹在想哪门。

女：隔山隔岭又隔河，哥的金嗓妹听着；
　　妹我今时在村上，边齐麻线边听歌。

男：听贵歌言好宽乐，开口一唱就成河；
　　唱起长江滔滔水，唱得江河起浪波。

女：水过滩头船靠浪，云过山头全靠风；
　　贵是月中桂花树，世间难找又难逢。

男：遇着了，下水遇着上水船；
　　今夜遇着歌朋伴，十二忧愁都解宽。

2015年莲花镇龙围村举办“势江源盘瑶歌会”，部分歌师合影 / 莫纪德 摄

女：大河涨水小河青，太平年代享太平；
人不相识也听讲，贵是讲古有名人。

男：大河涨水小河青，贵是歌言讲得深；
今日得遇歌师傅，如同读了几年书。

女：一寸光阴一寸金，寸金难买寸光阴；
今夜得遇歌才子，将钱难买好歌听。

男：辞了南山没见天，辞了藕塘没见莲；
辞了歌堂众姊妹，以后相遇把歌言。

头回得见势江妹，五冲阿哥心也迷；
心想和妹唱几句，不知愿陪不愿陪。

女：初次得见五冲哥，得见阿哥心就乐；
阿妹有心来陪贵，肚里无文无奈何。

男：菩萨过河我难保，听妹讲来脸发烧；
山歌我是初学唱，如今还是要人教。

女：晓得阿哥好歌才，亲眼见哥有歌才；
嘹亮歌声台上唱，台下掌声哗哗来。

男：平时山歌我也唱，鸭崽出壳难过江；
鸭崽下江游两下，人家还讲疯子相。

女：没人讲你是疯癫，只听人讲你歌仙；
站在山头唱几句，引得飞鸟落树尖。

男：妹妖媚，莫要把哥乱来吹；
若是吹牛要交税，这笔开支好难为。

女：阿哥莫要那谦虚，这样讲来是多余；
若凡阿哥真舍意，教妹封包你来出。

男：礼信不周就算了，同唱山歌也心宽；
你也莫讲我教你，一同歌唱一同玩。

女：哥唱山歌是好玩，妹唱山歌觉好难；
初一十五唱一句，哥你千急要耐烦。

男：交代一声贵娇娥，人讲慢工出细活；
心急难吃热豆腐，人急哪来好山歌。

女：阿哥说话妹听着，高机打布妹初学；
　　粗言粗语妹乱讲，莫把哥的牙笑脱。

男：轻言细语哥最爱，讲话还是妹最乖；
　　五冲阿哥懂得你，高山砍树妹有柴。

女：五冲阿哥你莫夸，妹是竹笋刚冒芽；
　　刚出土面怕虫啃，又怕别人把笋挖。

男：莫讲竹笋才出土，总要舍得下功夫；
　　日挑肥泥夜浇水，笋子将来高过竹。

女：山高水浅地头薄，天旱笋子难脱壳；
　　靠哥勤来施肥水，笋子成竹好编箩。

男：竹子笋子同一坡，可打簸箕可编箩；
　　若想愿望得实现，哥靠妹来妹靠哥。

女：得和哥哥共竹林，靠哥带妹走一程；
　　哥走东来妹也走，哥走西来妹跟行。

男：山歌路上我俩走，歌海无边我俩游；
　　妹带哥来哥带妹，取长补短共交流。

女：山歌路途弯又弯，歌海茫茫水面宽；
　　上山还靠哥带路，下海还靠妹扬帆。

男：阿妹勤快会干活，炒了粑粑架茶锅；
打起油茶叮咚响，茶香飘过对门河？

对山唱歌山会响，对水唱歌水回音；
见妹半天不言语，不知妹在想哪门？

吃饱晌饭碗落台，得见阿妹把歌排；
屏前我俩常相见，时时把妹记心怀。

女：隔山隔岭又隔河，哥的好歌妹听着；
今天妹我在村上，帮助邻舍下地脚。

男：中午日头热又热，午时正好把歌编；
哥今和妹来做伴，师徒结缘好亲切。

女：难为天气热得很，妹做工夫[①]汗淋淋；
可惜哥妹离得远，不得帮妹递手巾。

男：人在远来心在近，难得妹有这份心；
干活流汗妹莫怕，身旁有哥递手巾。

女：阿妹整天做事忙，哥递手巾也应当；
阿妹记得哥情意，记哥情谊水样长。

① 做工夫：方言，做事情。

男：昨夜得梦梦见妹，醒来半夜睡不着；
池里鸳鸯在戏水，哥牵妹手游江河。

女：昨夜妹梦哥也梦，醒来如妹两相同；
可惜好梦醒得早，竹篮打水一场空。

男：哥也空来妹也空，醒来怀念在心中；
盼望来年九月到，唱歌台上又相逢。

女：上回同哥吃餐饭，饭后离别各东西；
蜜蜂难舍花落地，蝴蝶难舍离花枝。

男：你想我来我想你，蜜蜂为花花为蜜；
妹也为哥茶不想，哥也为妹饭不思。

女：想哥越想越开怀，哥变蜜蜂飞过来；
蜜蜂见花团团转，花见蜜蜂朵朵开。

男：哥想肩生双翅膀，立马飞到妹身旁；
可惜天不从人念，路远难到妹那方。

女：人家连情两相通，可惜人同命不同；
可叹是人不是鸟，是鸟飞来共一笼。

男：哥一方来妹一方，哥妹中间隔条江；
没桥我俩拆梁架，没屋我俩住晒场。

女：同个日头同个天，哥有心来妹才连；
爱情路长我俩走，石板架桥千万年。

男：莫管哥妹隔得远，同个日头同个天；
只要我俩情不断，一同栽藕共生莲。

女：藕塘栽藕藕根深，莲藕节节连真情；
我俩就像塘中藕，藕又甜来叶也青。

男：红花还要绿叶配，情哥也要妹来陪；
哥有情来妹有意，好比张郎配雪梅。

女：鸳鸯戏水在池塘，十月甘蔗伴蜜糖；
妹爱哥来哥爱妹，好比织女伴牛郎。

男：我俩连情连长久，莫要一心顾两头；
一同抬箩桥上过，哥不丢来妹不丢。

女：哥妹连情连长久，阿哥不丢妹不丢；
海枯石烂心不变，如同江水水长流。

男：等你等了这么久，一去就是几春秋；
今晚有缘来相见，心情激动泪双流。

为赚彩礼走天涯，只为娶妹这朵花；
如今满载归故里，跑来见妹献香茶。

春回大地百花香，哥摘百花把酒酿；
几经风雨酿坛酒，跋山涉水送妹尝。

女：一坛美酒送妹尝，妹今见了喜洋洋；
情意装在酒坛里，千年万世都还香。

男：情意装在酒坛里，情也真来意也真；
今朝同饮这杯酒，望妹同哥永相依。

女：今朝同饮这杯酒，哥的情义记心头；
从此相依在一起，生不离来死不丢。

男：哥吃秤砣铁了心，一生一世不移情；
经得冰雪来敲打，经得风吹和雨淋。

女：石板架桥架得稳，妹做桥板哥做墩；
妹你莫给桥板断，哥也不给桥墩崩。

男：哥做桥墩做得好，妹做桥板不动摇；
桥板架在桥墩上，千年万代架得牢。

女：哥做桥墩做得好，妹做桥板不动摇；
哪怕水涨滔天浪，难动桥墩一丝毫。

男：有心连情不怕远，两心相印把手牵；
有心不怕风浪大，有双相伴哥心甜。

女：想哥又想几年前，心如烧火受熬煎；
不思茶饭思见面，不知等到哪一年。

男：想哥十年算什么，这时笋子才冒芽；
开园先把种子种，再等十年才开花。

女：哥妹想在十年前，十年苦苦受煎熬；
有缘相思无缘伴，只怪月老不肯牵。

男：喊声阿妹早上好，阿妹今天那逍遥；
若是阿妹今有空，快和阿哥把歌聊。

女：阿妹不会唱歌谣，今天莫把妹来撩；
晓得阿妹不会唱，讲起唱歌心就焦。

男：晓得阿妹会唱歌，何必哪门子啰唆；
若是嫌我年纪老，把歌抛给年轻哥。

女：晓得阿哥是骚哥，喊起名字鸟崽落；
晓得阿哥人才好，几多妹仔等你约。

男：莫讲阿哥生得乖，莫哄阿哥我心开；
阿哥若有那门好，阿妹就该早点来。

女：晓得阿哥好人才，几多妹仔等你挨；
前天夜晚我看见，你挨惹到隔壁来。

男：前天夜晚你也在，为你不把我来挨；
就是嫌弃阿哥我，怕我脸上长青苔。

女：前天好多女人家，喊你来耍又喝茶；
阿妹干脆去躲起，随你阿哥那子花。

男：讲来就是嫌哥丑，莫拿别个扯由头；
前晚机会那么好，又不为哥把门留。

女：前夜累了我就回，阿哥留给别个追；
几多妹仔和你耍，要你累得像乌龟。

男：总找借口来推脱，就是不想来和哥；
离开歌堂妹先走，定是去会别的哥。

女：不是妹我来推脱，阿哥已有别人约；
个呗[①]散场我先走，只为凉脚[②]没洗着。

男：凉脚没洗它还在，是找借口来走开；
阿妹若是中意我，早就与哥叙情怀。

女：讲起它来不应该，只为哥是好人才；
几多姑娘都想你，个个约你扯不开。

① 个呗：方言，一个都没有。
② 凉脚：方言，洗澡。

男：几多姑娘哥不想，一心只想妹娇娘；
那晚出去就为你，就想同妹打商量。

女：阿哥莫要总在装，你想隔壁美娇娘；
妹我晓得我不讲，阿哥莫怕也莫慌。

男：莫讲阿哥我在装，今我敢作就敢当；
隔壁娇娘哥不想，哪怕阿妹翻肚肠。

女：隔江望见牡丹开，心想过河游过来；
扯回自己花园种，朝朝淋水望花开。

男：高山得见大河水，口干难拢大河边；
丝线拉船难拢岸，蜜蜂难拢桂花园。

女：妹在一边哥一边，隔条河水在中间；
心想过来相会妹，可惜江边无渡船。

男：急水滩头放一篙，下到塘中把桨摇；
妹是有心同哥恋，要朝龙凤在今朝。

女：昨夜三更吹大风，吹落桃花满地红；
吹落桃花十二朵，不知哪朵爱招风。

男：妹在江边洗菜葱，哥放木排去广东；
妹今有话早来讲，船下滩头难相逢。

女：七月种花八月开，花高墙矮现出来；
衣袖笼花街上卖，花少人多分不开。

男：静坐无言望夜空，月明独饮酒一盅；
个人饮酒缺少味，寒单思想玉芙蓉。

女：昨夜大雨天变寒，一夜之间百花残；
蝴蝶伤悲含恨去，红尘相思梦难还。

男：漫漫人生路迢迢，互撑雨伞互搀腰；
一路踏歌春风里，共同走过洛阳桥。

女：花开花落又一春，春夏秋冬又一龄；
曾记少年骑竹马，不觉又是白发人。

男：茶在茶山茶叶青，水在井中凉浸浸；
哪天得茶来配水，慢慢喝来慢慢评。

女：暮看夕阳伤感悲，想学鸟崽随意飞；
无情岁月催人老，年少青丝换不回。

男：酒肉朋友堆满席，大话聊天无虚实；
人生饱经风雨路，千杯席散各东西。

女：昂首千杯各东西，各奔前程创奇迹；
风雨人生要勤奋，富贵荣华靠自身。

男：一夜狂风扫街头，天又变冷心发愁；
乌云遮住日和月，条条河水向东流。

女：庭前对歌配龙凤，句里行间自多情；
歌唱句句传三姐，乖男巧女情意深。

男：庭前对歌配龙凤，千里寻妹想鸳鸯；
风雨送情传歌句，传到贵乡送娇娘。

女：一件包袱身上背，苦苦相思为了谁；
自古多情空留恨，选对阿妹落秤锤。

男：月光朗朗配天星，夜晚路上单身行；
春风微微吹脸面，蛙在池塘共争鸣。

女：村边小塘传叫声，那是蚂蜴在报春；
阳鸟门前声声叫，一年阳春又来临。

男：唱着山歌过门前，山歌流传几千年；
爱歌就讲歌好听，不爱听的讲发癫。

女：唱着山歌过门前，鲜花开在大路边；
喊哥出门莫乱捡，莫乱采回自家园。

男：下雨了，阴雨绵绵没事搞；
中午做个白日梦，梦见阿妹几苗条。

女：哥也无聊妹无聊，下雨无事把哥邀；
今日妹我街上耍，想哥来陪妹逍遥。

男：你去莲花早不讲，早讲早陪妹娇娘；
陪妹莲花街上耍，好像嘴巴尝蜜糖。

女：今早起迟妹忘了，下次上街一定邀；
八月十五山歌会，人山人海歌如潮。

男：八月邀起唱山歌，哥妹两个来合伙；
糯米做粑来见面，粘拢就难扯得脱。

女：歌圩里头人如潮，一同牵手上歌坡；
哥有心来妹有意，好像秤杆配秤砣。

男：好像秤杆配秤砣，二人相伴几快乐；
可惜只能白天耍，晚上分开各走各。

女：你有妻来我有夫，再好不能共一屋；
白天妹我和哥耍，与你分开妹想哭。

男：我俩相会难上难，林中鸟儿难下水；
种瓜踩出葫芦印，下得水来翅难飞。

女：林中鸟崽难下水，水里鲤鱼难上山；
哥你有心妹无意，鱼儿不知鸟想林。

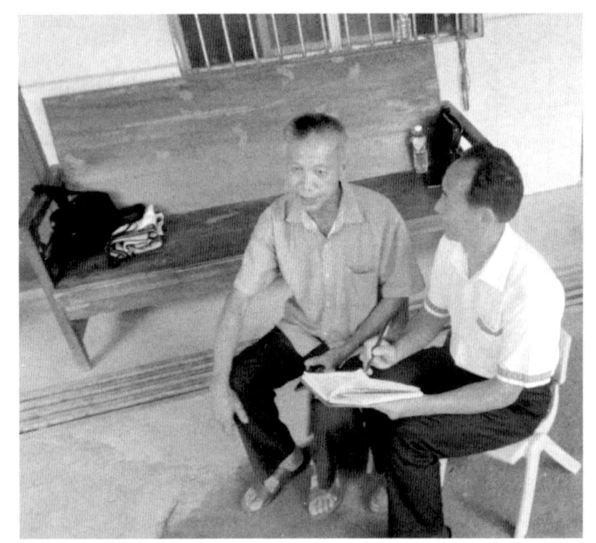
黄连芳与莲花镇龙围村歌师黄春益（左）在一起交谈 / 莫纪德 摄

男：鱼儿不知鸟想水，鸟也不知鱼想林；
　　妹是不知哥有意，哥也不知妹的心。

男：阿妹哪里会夜出，因为家中有丈夫；
　　天天夜晚抱着睡，鱼水合欢几舒服。

女：因为妹我有丈夫，不懂爱情才糊涂；
　　想哥如同黄连苦，白天想来夜里哭。

男：阿妹讲话好奇怪，哪有把哥记心怀；
　　那天街上住客栈，睡到半夜你走开。

女：妹有心来哥无意，不如早点去歇息；
　　妹想大街小巷耍，哥讲时间又蛮迟。

男：嘴巴讲得蛮好听，睡到半夜你走人；
妹你就和葫芦样，葫芦有嘴没得心。

女：鸭嘴哪有鸡嘴尖，妹嘴没得哥嘴甜；
哥嘴就像蜜糖样，哪知妹肚装黄连。

男：这样讲话没成样，做妹郎君梦一场；
好像银河会织女，七夕织女会牛郎。

女：牛郎织女得相伴，一年一次也心甘；
我俩虽能常见面，想要牵手难上难。

男：白云做衣我难裁，石板种树我难栽；
妹是五月石榴果，妹的心思哥难猜。

女：石榴叶子青又青，妹我说话哥听清；
哥你莫学石榴样，一个壳来几多心。

（讲唱人：黄春益，瑶族，生于 1948 年 10 月 19 日，莲花镇龙围村山琶塘屯人。）

43. 肩膀挑担口唱歌

（栗木镇泉会村卢贤臣提供，莫晓娴收集）

鹧鸪花，鹧鸪头花尾也花；
鹧鸪颈花来路远，特地来找唱歌。

唱歌你是老行家，莫来哄我嫩水娃；
你是山中老竹杠，还讲才长两叶芽。

见妹生得好潇洒，妹你唱歌哥难答；
虽然学过绞甘蔗，熬糖未必翻过砂。

唱得好，唱得木叶响沙沙；
唱得蚂蚜连连叫，墙上茄子顶呱呱。

算盘还是你会打，卖了良田卖谷花；
旋风起在沙滩地，早闻妹你好飞沙[①]。

唱得好，唱得草尾结黄瓜；
唱得雀仔纷纷落，它在树上张嘴巴。

不会唱，没有渡船难过河；
没有梯子难上屋，没有煤[②]来哪有锅（歌）。

莫哄哥，早闻妹有歌千箩；
那年大水歌书湿，晒满南山九道坡。

初出初，初出未曾唱过歌；
新买镰刀初开口，未曾割过一蔸禾。

---

① 飞沙：潇洒之意。

② 煤：隐媒字，指唱歌的媒介。

初出初，初出茅庐识不多；
哥是初来读初小，初买墨砚初来磨。

不会唱，不会织篮要篾多；
不会唱歌要力气，望哥指点妹来学。

草山走多也出路，学问由少积成多；
人不谦虚不识理，宝刀不利要常磨。

久不唱歌忘记歌，久不种田忘记禾；
久不打枪忘记鸟，忘记鸟儿会造窝。

哪有补匠忘了锅，哪有撑船忘了河；
哪有王三忘了鸟，王三打鸟不比哥。

十七十八爱唱歌，二十七八子女多；
三十七八人老了，想来唱歌背已驼。

肚里聪明好唱歌，手脚勤快好种禾；
禾种得好有饭吃，歌唱得好快乐多。

出门上坡又下坡，肩膀挑担口唱歌；
你能上肩我能下，哥会唱来妹会和。

打个啊啾唱个歌，唱得小妹笑哈哈；
唱得青山声声应，唱得木叶片片落。

日头下山随它落，我俩山上来唱歌；
唱歌不知肚子饿，不愁无米下鼎锅。

唱就唱，茶到面前喝就喝；
好茶越吃越有味，好歌越唱越快活。

唱就唱，酒到跟前喝就喝；
好酒三杯不为少，好歌千首不为多。

唱山歌，不唱山歌不快乐；
好调弹来不会厌，好歌唱来不嫌多。

不唱了，双马拉车暂停拖；
谷磨太久成碎米，歌唱太久不成歌。

蚕豆出土要长叶，嫩笋出土要长节；
妹你出门把歌唱，我俩越唱情越烈。

黄豆出土要长叶，甘蔗出土要长节；
哥你出口成文章，山歌唱得妹心热。

不会唱，出壳鸡崽不会啼；
泥捏芦笛吹不响，初生牛崽不会犁。

四两芝麻莫要榨（诈），半斤糯米莫推糍（辞）；
久闻妹是老师傅，锅头厂里老锅（歌）师。

不敢唱，斑鸠落岭不敢啼；
斑鸠嘴小声也小，难比你这老山鸡。

放心唱，树尾黄莺放心啼；
我俩都是同林鸟，唱得好丑莫挑剔。

不敢唱，笼里关鸡不敢啼；
哥同孙子识兵法，不敢同你下象棋。

红嘴八哥绿毛衣，广东飞来到广西；
认得妹你是老鸟，特意飞到歌乡啼。

放声唱，岭上杜鹃放声啼；
火烧猪蹄你熟手，十分礼义切莫拘。

求妹唱，不是求妹去挑泥；
你估唱歌费力气，轻轻动点嘴唇皮。

求哥唱，不是求哥去拉犁；
拉犁又愁牛还小，唱歌不用费心机。

今日相逢好日子，还不开声到几时；
出门遇着鸡拍翼，望你开声对我啼（提）。

慢慢唱，银纸[①] 糊墙慢慢撕；
打烂玻璃不成镜，半边猪脚不成蹄（提）。

① 银纸：方言，指钱币。

唱就唱，鹧鸪上岭啼就啼；
哥是山中鹧鸪鸟，今天碰到老画眉。

凤是凤来鸡是鸡，不会唱歌你莫啼；
卷起衫袖看手段，脱掉帽子比高低。

堂屋板凳摆一排，摆起板凳等妹来；
摆起板凳让妹坐，唱歌还得妹开牌。

鲤鱼见水尾就摆，听人唱歌妹就来；
哥唱山歌真好听，句句打动妹心怀。

听闻歌声心就开，家中无米吃茶来；
不信妹看哥嘴角，茶叶还贴嘴巴皮。

真好彩，买得灯盏见灯台；
正想吹箫见笛子，正想唱歌见妹来。

特定来，特定同妹两排；
特定同妹排排唱，不知明晚来不来？

喊妹唱歌妹就来，妹想栽花妹就栽；
唱歌妹是刘三姐，栽花妹是祝英台。

唱歌就唱三五排，三头两句你莫来；
小猪就在闸外摆，不够百斤不进街。

唱歌就要唱成排，有头无尾你莫来；
砍头去尾你莫唱，劝你在家带小孩。

唱歌没得十把排，劝你上山砍生柴；
生柴烧炭学熟了，学熟功夫你再来。

不会唱歌你莫来，劝你在家打草鞋；
一日打得三五对，三日一圩拿上街。

放心唱，水推灯草放芯（心）来；
哥是蜜蜂初生翅，不知何处有花开？

牛角不尖不过界，马蹄不硬不赶街；
衣袖不长不甩手，不是行家我不来。

妹有好马放出街，妹有好歌放过来；
若是哥今答不出，一世不上望花台。

来就来，手拿谜语猜就猜；
若是妹今猜不着，一世帮哥提草鞋。

妹嘴单，一句唱完二句来；
满天大雾唱得散，满天乌云唱得开。

天上星子排对排，我俩唱歌台对台；
这台不唱那台唱，这台唱完那台来。

天上星子排对排，地下好花崖对崖；
东山唱歌西山应，想听山歌妹过来。

好歌多唱两三排，晓得明年来不来；
好花多摘两三朵，晓得明年开不开？

妹在那边唱得乖，叫哥难解又难猜；
凡人难答神仙话，问妹主意哪里来。

唱得好来唱得乖，唱得蝴蝶飞过来；
唱得蜜蜂飞入屋，因为屋里有花开。

唱得好来唱得乖，唱得花谢又复开；
唱得月落又复出，唱得妹去又转来。

唱得好来唱得乖，唱得白云朵朵开；
唱得树叶纷纷落，唱得情哥密密来。

唱得好来唱得乖，唱得心花朵朵开；
一朵开在郎心上，一朵开在妹心怀。

唱得好来唱得乖，唱得神仙出蓬莱；
唱得观音开口笑，唱得菩萨颈子歪。

唱歌一句接一句，打铁一锤接一锤；
人多声高才够瘾，柴多火旺才成堆。

吃酒多多人会醉，唱歌多多心会飞；
酒醉还有药来解，心飞出去难飞回。

上山就把柴来背，下田挑粪把禾催；
唱歌解得身骨累，心飞出去会飞回。

讲起唱歌我不会，十分要唱也着[①]陪；
未曾开声先讲过，千祈莫给妹吃亏。

你会唱歌莫用推，你会吃酒莫推杯；
狮子麒麟来相会，一生能有几多回？

唱就唱，生铁上砧锤就锤；
哥是生菜才长叶，望妹多多来栽培。

唱就唱，新船下水推就推；
铁打牛角硬对硬，天大同你斗一回。

唱就唱，手拿木叶吹就吹；
木叶不用钱来买，早上吹去晚吹回。

不会唱，山中旱獭不会游；
从小住在矮棚子，未曾见过三层楼。

① 着：方言，应当。

懒得唱，黄牛过水懒得游；
哥是穷人懒讲话，闻到花香懒抬头。

这时不唱哪时唱，这时不游哪时游；
英雄走过阎王路，富贵吃过黄狗头[①]。

大吉利市我唱起，浅水鲩鱼我起头；
十指按在横竹洞，等我吹箫引凤游。

又讲你村有好狗，为何野狸咬鸡头？
又讲你是好歌手，为何不见歌出喉？

母鸡唱歌因有蛋，母鸭唱歌因飕柔[②]；
鹧鸪唱歌因找伴，妹你唱歌为何留？

唱个山歌逗一逗，看你抬头不抬头；
哥是鸡公石板站，妹是鲤鱼不怕钩。

八月十五是中秋，唱起山歌真风流；
山歌本是前人造，前人造物后人收。

唱歌不怕歌难造，吃酒不怕酒难熬；
一对水桶丢下井，我俩都得要提高。

① 黄狗头：野生植物，可充饥。
② 飕柔：此处指自由自在。

唱歌不怕别人邀，上树不怕树尾摇；
怕冷不走风门坳，怕热不把窑来烧。

唱歌不怕别人笑，有刺不怕别人挑；
别人挑刺不挑肉，挑出刺来痛也消。

唱歌不怕别人刁，葫芦打酒不怕瓢；
行船不怕铺天浪，长江不怕桶来挑。

随你唱，树尾挂铃随你摇；
南竹扁担有大把①，随你选来随你挑。

随你唱，崽睡在篮随你摇；
你会摇篮妹也会，你会吹笛我吹箫。

任你唱，铁打秋千任你摇；
竹筒装筷任你选，笼里关鸡任你挑。

任你唱，船在江边任你摇；
你会摇橹我摇桨，哥是龙来妹是蛟！

① 大把：方言，表示数量多。

44. 借妹山歌搭渡桥

（观音乡蒋礼发搜集）

阿妹生得白飘飘，如同岭边白芋苗；
哥想移来家里种，又怕家中无水浇。

小妹长得黑麻麻，如同碗里糁子粑；
哥若嫌妹莫借口，孔雀难配老乌鸦。

门口大田四四方，问妹能栽几多秧？
一筒白米几多颗，一斤丝线几多双？

金丝银线一百根，绣龙绣凤绣麒麟；
绣狮绣马分六份，只许成单怎样分？

龙凤狮马各十九，麒麟绣成二十三；
还剩一根金丝线，妹绣鞋垫给哥穿。

阿妹生得细轻轻，做双鞋子做人情；
走到长街买丝线，又到苏杭买花针。

丝线花针买齐了，这双鞋子做得成；
鞋底打起胡椒眼，鞋面绣出鲤鱼鳞。

鞋梁锁起狮子口，鞋口做起像观音；
油灯点了几多盏，烧掉桐油几多斤。

坐了几多冷板凳，挨了几多蚊子叮；
这双鞋子做得好，围裙打包送情人。

大胆拿给二姐看，这双鞋子操了心；
十八小哥你来看，看你同心不同心。

阿妹生得细轻轻，打对戒指表个心；
走到街上换银子，沿街又去寻匠人。

两边银匠一起到，这对戒指打得成；
一打麒麟配狮子，二打狮子配麒麟。

三打将军凤凰爪，四打海马过桥亭；
五打五男配二女，六打童子拜观音。

七打仙女七姊妹，八打神仙吕洞宾；
九打伴娘陪妹走，十打小哥陪妹行。

金子戒指打好，妹戴戒指莫外传；
等别人知晓了，日同板凳夜共灯。

风吹云动天不动，水推船行岸不行；
天变地变哥不变，望妹来日不变心。

石板大路一样平，马跑人行路不行；
千古逢雪山长寿，百年思兄妹见真。

铁匠打铁硬对硬，三十六牙针对钉；
哪个有心不对口，变牛变马变畜生。

哥妹同心成双对，好似凤凰与金鸡；
金鸡凤凰同林鸟，同展翅来同声啼。

开口唱歌口音沙，得了伤寒发了痧；
见妹一眼百病好，再唱歌声像唢呐。

高山岭上种仙桃，年年结果半山腰；
十根竹篙打不到，借妹山歌搭渡桥。

听妹唱歌心就开，公鸡没叫就起来；
衣裳没穿拿起走，鞋子没穿赤脚来。

久不唱歌忘了歌，久不行医忘了药；
久不读书写白字，久不见哥话满箩。

停了三天没唱歌，烦烦闷闷心不乐；
今天听哥把歌唱，烦闷丢下门前河。

上树结果不怕高，撑船下海不怕潮；
寻哥伴妹不怕远，老虎拦路当个猫。

45. 唱支山歌试妹心

（莲花镇黄泥岗冯自梅讲唱，莫纪德搜集）

山歌不唱忘记歌，大路不走草成窝；
柴刀不磨会生锈，胸膛不挺背会驼。

唱支山歌解心忧，喝口凉水浇心头；
凉水难解心头火，唱歌能解万年愁。

初见阿妹初唱歌，哥我也是嫩麻雀；
我俩都是初学唱，一齐唱歌一起学。

妹我今日初见歌，绒毛鸭崽初下河；
麻布洗脸初见面，不知唱点什么歌。

这条江水清又清，没知水浅是水深；
手拿竹篙试深浅，唱支山歌试妹心。

鸟崽不知鱼在水，鱼崽不知鸟在林；
哥你不知妹的意，妹也不知哥的心。

妹你生得实在美，好比凤凰天上飞；
凤凰飞落歌台上，几多后生扯眼眉。

芋头红薯不比米，虾公螃蟹不比鱼；
小刀来削菠萝果，人人都讲哥调皮。

送妹送到黄泥坡，黄泥坡上蚂蚁多；
叫声哥哥快来看，蚂蚁也有两公婆。

送哥送到黄泥岗，岗上蚂蚁排成行；
喊声阿哥快来看，今天蚂蚁接新娘。

结交就盼到白头，怕哥心野变山猴；
猴子下山偷苞米，得了嫩的老的丢。

路边野花哥不捡，人妻再好哥不连；
人园花香哥不望，哥的良心对得天。

桥下河水清又清，送对镯子给亲人；
手镯戴在妹手上，哥情收在妹的心。

哥讲不丢妹莫忧，除非黄鳝变泥鳅；
除非扁担生叶子，冷饭发芽也不丢。

我俩结交到白头，恩恩爱爱一百秋；
黄鳝生鳞马下蛋，牯牛生崽也不丢。

（二）送妹歌

1. 十送娇娥

（西岭镇新合村邓玉珍讲唱，赵元强搜集）

一送姣娥出了村，情哥眼泪落纷纷；
今日情妹回家去，不知哪日才回程。

二送姣娥到井边，井边和妹讲私情；
放利眼睛看清楚，无人我俩得团圆。

三送姣娥到庙边，庙中有对好神灵；
一个公来一个母，中间少个做媒人。

四送姣娥到河边，河中有只好渡船；
只有船儿来拢岸，哪有岸儿来拢船。

五送姣娥到田边，田里禾苗青又青；
田里农人成双对，唯有情哥打单身。

六送姣娥到桥边，桥底鲤鱼有十斤；
三斤鲤鱼七斤胆，完全是靠胆包身。

七送姣娥到山边，山边有个茶树林；
蔸蔸茶树都结子，我俩几时结成亲？

八送姣娥到岭边，岭边有个松树林；
松树千年不落叶，我俩万年不变心。

九送姣娥到塘边，塘里鲤鱼口朝天；
鲤鱼跟着草鱼尾，情哥跟在妹身边。

十送姣娥到妹村，有人问信莫讲明；
长长短短妹莫讲，神仙难饶我两人。

（讲唱人：邓玉珍，女，瑶族，西岭镇新合村歌手。）

2. 十送小妹

（西岭镇新合村邓玉珍讲唱，赵元强搜集）

一送小妹出了村，妹劝情哥放宽心；
妹今回去打个转，明天有空来连情。

二送小妹到井边，井中的水冷冰冰；
劝哥莫吃井中水，冷了心头丢了情。

三送小妹到庙边，庙中有对好神灵；
神灵无媒也成对，小妹无媒也交情。

四送小妹到河边，码头站着几个人；
人望船儿快拢岸，妹望情哥回头行。

五送小妹到田边，田里禾苗青又青；
禾青不过哥和妹，人好不过我俩人。

六送小妹到桥边，桥底鲤鱼有十斤；
鲤鱼胆大躲桥底，小妹胆大喊哥连。

七送小妹到山边，山边有个茶树林；
我俩走把茶林过，茶树结籽我结情。

八送小妹到岭边，岭边有个松树林；
风吹松树呼呼响，难吹小妹离哥身。

九送小妹到塘边，草鱼鲤鱼一同行；
草鱼鲤鱼一塘养，妹和情哥一条心。

十送小妹回村边，妹望情哥回头行；
妹望情哥回头转，莫给别人起疑心。

3. 十月思双歌

（西岭镇新合村邓玉珍讲唱，赵元强搜集）

正月思想又思双，初一起来烧早香；
烧香烧在门头上，保佑情哥连好双。

正月思想又思双，初一起来烧早香；
烧香烧在门头上，保佑情妹早做娘。

二月思想又思双，燕子含泥飞过江；
燕子过江飞路远，我俩连双来路长。

二月思想又思双，燕子含泥飞过江；
燕子含泥要用嘴，我俩连双要老行。

三月思想又思双，铜盆舀水去洗姜；
姜不发芽为水少，哥不成人为家难。

三月思想又思双，铜盆舀水去洗姜；
姜不发芽只为水，妹不成人为哪行？

四月思想又思双，四月插田在中央；
哥是种来妹种去，种来种去打商量。

四月思想又思双，四月种田忙又忙；
种田就望谷丰收，连双就望得久长。

五月思想又思双，五月端午喷雄黄；
蛇见雄黄身就软，情哥见妹心就宽。

五月思想又思双，五月端午划龙船；
问哥龙船几多桨，问哥连过几多双？

六月思想又思双，六月谷子满田黄；
个个打谷成双对，情哥打谷无人帮。

六月思想又思双，六月谷子满天黄；
哥打谷子妹帮割，哥你种田妹扯秧。

七月思想又思双，七月秋风好凄凉；
劝妹莫走风头上，吹落人风丢落双。

七月思想又思双，七月秋风好凄凉；
天气凉快有好处，哥妹夜夜得同床。

八月思想又思双，八月十五桂花香；
劝妹摘花莫摘籽，留出籽仔撒秧秧。

八月思想又思双，八月十五月亮光；
月亮也懂团圆事，哥你不懂不在行。

九月思想又思双，九月初九是重阳；
情妹来喝重阳酒，成不成双也无妨。

西岭镇新合村古歌讲唱人邓华秀（左）、邓玉珍（右）/莫纪德 摄

九月思想又思双，九月初九是重阳；
哥望情妹同喝酒，妹望情哥得同房。

十月思想又思双，十月山中木叶黄；
木叶怕黄人怕老，六十不死不丢双。

十月思想又思双，十月山中木叶黄；
木叶黄了枝丢落，情哥再老妹如常。

4. 十二月相思歌

（西岭镇营盘村茅坪屯伍本姣讲唱，莫晓娴搜集）

（1）想妹歌

正月想妹是新春，新人双双忙拜年；
眼望别人成双对，泪如春雨下绵绵。

二月想妹龙抬头，菜籽开花绿油油；
人影双双游花海，心想情妹眼泪流。

三月想妹百花开，桃花树下独徘徊；
想妹无心把花赏，只望盼得情妹来。

四月想妹采早茶，爬上茶山望妹家；
想妹无心把茶采，手扶茶树把泪抹。

五月想妹五月五，登上山顶放声哭；
想妹想得肝肠断，难得情妹共一屋。

六月想妹三伏天，夏日炎炎热死人；
床上睡觉滚床下，梦中和妹共缠绵。

七月想妹七月七，哥在东来妹在西；
牛郎织女鹊桥会，想妹热泪打湿衣。

八月想妹月儿圆，中秋月饼放枕前；
想妹无心赏明月，口含月饼饼不甜。

九月想妹又重阳，秋风秋雨郎心寒；
衣服破了无人补，感冒吃药当口粮。

十月想妹小阳春，家家户户种麦勤；
想妹得病懒下地，面黄肌瘦无精神。

冬月想妹雪花飘，病哥家里无柴烧；
躺在床上身打战，命儿仅剩小半条。

腊月想妹病人心，寻医问药治不是；
含恨闭眼离尘世，相思坡上添新坟。

（2）想哥歌

正月想哥在春天，想哥不得把手牵；
想哥不得见哥面，泪如春雨下绵绵。

二月想哥是春分，想哥不得哥来跟；
秋水望穿肝肠断，相思泪水下纷纷。

三月想哥在清明，人人上山去踏青；
得见行人千千万，唯独不见哥一人。

四月想哥四月八，家家蒸饭放黄花；
糖拌糯饭吃不下，龙肉炖汤像苦茶。

五月想哥五月头，妹包粽子看龙舟；
妹拿粽子给哥送，不见阿哥泪水流。

六月想哥六月六，龙王提亲到妹屋；
龙王太子妹不嫁，一心等哥做妹夫。

七月想哥七月七，牛郎织女会佳期；
牛织一年一次会，哥妹相逢在几时？

八月想哥在秋天，抬头望月在天边；
望见月圆心中恨，为何月圆人不圆？

九月想哥九月九，阿妹登高望水流；
阿哥好比长江水，不知何时能抬头。

十月想哥在立冬，哭干泪水眼睛朦；
茶不思来饭不想，面黄肌瘦失娇容。

冬月想哥雪花扬，相思袭人妹心凉；
棉布盖身不觉暖，不比阿哥在身旁。

腊月想哥是大寒，相思折磨如柴干；
十天不进水和米，小命也要赴黄泉。

5. 六月歌

（西岭镇营盘村段众姣讲唱，莫晓娴搜集）

正月逢春好唱花，新官上任坐九衙；
文武百官两边坐，三盘格子两排花。

二月逢春好唱花，新装犁头配九铧；
犁头下田千条路，耙子下田满田花。

三月逢春好唱花，高山阳雀叫喳喳；
一来催你忙下种，二来催你牡丹花。

四月逢春好唱花，后园金笋正盘芽；
十八小姣来搬笋，怀抱笋子手提花。

五月逢春好唱花，两只龙船顺手划；
二十四把花枧片，划在河中满河花。

六月逢春好唱花，烈日炎炎两眼花；
怕晒太阳阴凉下，顶着太阳向阳花。

稚童歌

稚童歌简介

本章共收录101首歌，其中谜语歌46首，稚童歌55首。

稚童歌即儿歌、童谣，是儿童家庭教育，特别是兴趣教育的一种方式。通过猜谜语、唱儿歌，稚童歌使儿童在无意识中锻炼智力，激发情感，受到教育。对于婴儿，父母也往往用童谣做催眠曲，如“摇一摇，摇到外婆桥”之类。编者小时候也曾受过童谣的熏陶，在春冬寒冷季节，家人围着火炉取暖，也时常听大人讲“古仔（故事）”教童谣、猜“谜了”（哑谜），耳熟能详。春夏季节，儿时的伙伴们，每至夜晚都聚在一起，打打闹闹玩游戏，玩腻了就坐下来猜谜子，唱儿歌，直到伙伴提醒睡觉了才各自散去。这些往事，至今仍历历在目。

猜谜歌既适用于小孩，也适用于大人。小孩的是拿来讲的、猜的，可锻炼思维、增进知识。大人的是拿来唱的，考歌才的。猜谜歌也经常用于“夜歌堂”，出题不易，答题更难。

把稚童歌录入歌集，作为资料保存，是有一定意义和价值的。

莫纪德于 2017 年 1 月 14 日观摩三江乡石口屯花炮节 / 莫晓娴 摄

（一）谜语歌

1. 猜谜歌

（西岭镇新合村赵元强搜集整理）

什么开花一条线？什么开花不结果？
什么开花肚里绒？什么开花半边红？

板栗开花一条线，腊梅开花不结果；
棉花开花肚里绒，相思开花半边红。

住在青山田地上，出世没有爹和娘；
日夜田地管闲事，死掉是个啥东西？

住在青山田地上，制造的人是爷娘；
为了庄稼管闲事，死掉是个茅草人。

一棵大树几个杈，一匹白布几多纱？
一个米筛几个眼，何处同水不同家？

大树论蔸不论杈，白布论尺不论纱；
米筛论个不数眼，平乐同水又同家。

两眼眯眯两眼光，四脚落地四脚空；
身尸挂在嘴角上，不知神鬼去何方？

两眼眯眯两眼光，四脚落地四脚空；
身尸挂在嘴角上，猫捉老鼠在肚中。

什么做来三角尖？问你什么歪南边？
还有什么直直竖？什么手指会上天？

铁铸犁头三角尖，还有犁壁歪南边；
木做犁尖直直竖，木做犁杖指上天。

妹今是个山歌王，晓得什么两横梁？
晓得什么十二齿，梁上加齿齿加梁？

哥今做谜实在行，妹知铁耙两横梁；
不多不少十二齿，梁上加齿又加梁。

四四方方三堵墙，周围都有好多人；
一天三顿少不了，会用正是贤惠人。

锅灶四方三堵墙，煮饭炒菜贤惠娘；
每天三餐饭菜香，一家老少心花放。

四四方方三层楼，中央楼上有门开；
上楼又摆好酒肉，滴水岩下坐火台。

碗柜正是三层楼，上楼酒肉里面收；
中楼放的碗盘碟，下楼又好钵锅来。

小时出世在田边，老来住在仓州城；
烂在缸中变成水，凡人食了快活仙。

糯谷出世在田中，老来住仓似仙宫；
糯米已经做成酒，凡人饮了似仙公。

什么事情真好笑，上塘抽水下塘燥；
当中一个银鸡公，人客坐落来讲笑。

那个事情不好笑，嘴若饮酒碗就燥；
酒壶像个银公鸡，人客吃酒满桌笑。

妹今是个山歌王，晓得什么圆又长；
还有什么黄又白，客人到来它摆上？

妹不算是山歌王，看见鸡蛋圆又长；
鸡蛋壳内白又黄，送酒送饭煮得香。

2. 哑谜歌（1）

（唐金秀讲唱，田明月收集）

高头三个角，下面一个角，
打个赤膊拐，讨杯油茶喝。（羊角粽）

青石板，石板青，
青石板上钉银钉，
有时暗里有时明。（星子）

像狗坐，没得狗那高，
没得耳朵，没得毛。（蚂蜗）

高屋起矮屋，里头死人外头哭，
你哭你先死，我享我的福。（蚊帐）

黄鼠狼，尾巴长，
白天打跟斗，夜晚守金塘。（竹篙）

一排娃崽矮蹬蹬，逢年过节把人跟，
平常日子不讲话，挨着星火喊一声。（鞭炮）

考篾匠

隔壁大婶请了一个篾匠来家里织东西，她从竹园砍来根竹子，交代篾匠帮做六样东西，竹子不准剩不准少。她要做的六件东西是：

打个无风自有风，
打个蜜蜂过洞中，
打个大肚女人壁上挂，
打个四脚团鱼在井中。
剩出点点篾，
打个腰山鳖，
剩出点点尾，
做个斗斗嘴。

篾匠是个老行家，听了胸有成竹地笑了笑，用尺子量下竹子破起竹篾来，很快，六样东西交给主家，主家非常满意。

（谜底：1. 簸箕、2. 米筛、3. 筲箕、4. 鸡笼、5. 鱼鼎、6. 吹火筒）

3. 哑谜歌（2）

（莫纪德搜集整理）

打个谜子给你猜，两手拨不开。（水）
水就水，两头不挨水。（船）
船就船，两头出火烟。（烟筒）

两光弟，出门做生意，
头不沾天，脚不挨地。（门神）

麒麟麒麟，背脊生鳞，
白天开口，夜晚吃人。（瓦屋）

四兄弟，共胎来，同盆洗凉又分开，
丙寅丁卯炉中过，庚午辛未上楼台。（火瓦）

四四方方，跌下水缸，
捞得起，打得汤。（水豆腐）

半天云上一蔸篙，不沾黄土会生苗，
六月日头晒不死，寒冬霜雪打不焦。（寄生茶）

去时是一个，回时一大窝，
打起清凉伞，背起外甥哥。（芋头）

大哥一声叫，二哥点火照，
三哥打滚来，四哥从天掉。（雷、电、风、雨）

大哥一身毛，二哥一身癞，
三哥滚地来，四哥勒腰带。（冬瓜、苦瓜、南瓜、葫芦）

一锣喧天大叫，二箩遍地游街，
三螺田间打滚，四螺吹得人来。（铜锣、箩筐、田螺、海螺号）

近看是幅墙，远看是只羊，
吃了千万草，不见一根肠。（台灶）

一对白斑鸠，飞到永安州，
不吃永安水，专吃人骨头。（手镯或脚圈）

黄家一屋大小，落在中等人家，
不料祸从天降，全家定罪水牢。
寅卯粉身碎骨，还要重办石衙，
铁锅滚油要过，烫得头浆迸发。
再往布司衙门，逼我拆伙分家，
押我游街串巷，骨肉各自天涯。（豆腐）

铜鼎锅，铁鼎盖，大人拿到小人爱。（柿饼）

人不像人，鬼不像鬼，肩膀高头装满水。（酸坛）

四四方方一座屋，里面死人外头哭。（蚊帐）

千条线，万条线，落下来，看不见。（雨）

（注:《谜语歌》摘自恭城瑶族自治县文化局1989年编印的《恭城县歌谣集》。）

（二）稚童歌

1. 算数歌

（观音乡杨才明收集）

一个蚂蜗喂子喂，四个脚来吾吾喂；
二个眼睛绿悠悠，小田昌呀么哟依哟。

二个蚂蜗喂子喂，八个脚来吾吾喂；
四个眼睛绿悠悠，小田昌呀么哟依哟。

三个蚂蜗喂子喂，十二只脚来吾吾喂；
六个眼睛喂子喂，小田昌呀么哟依哟。

四个蚂蜗喂子喂，十六只脚来吾吾喂；
八个眼睛绿悠悠，小田昌呀么哟依哟。
……（以下依数照推）

哥聪明，打个数字给你分：
百斤糯米交给你，看哥拿来怎样分？

三十三斤包粽子，三十三斤打糍粑；
三十三斤酿甜酒，还剩一斤做米花。

什么时间包粽子？什么时间打糍粑？
什么时候酿甜酒？什么时候做米花？

五月端午包粽子，八月十五打糍粑；
九月重阳酿甜酒，十月十五做米花。

2. 童谣

（莫纪德搜集整理）

（鼻涕浓）
鼻涕浓，吹火筒，吹上天，吓雷公；
吹下地，吓土地，吹进房，吓伯娘；
吹进笼，吓衣裳，吹进柜，镀金耳环十二对；
吹进被窝弄，吓得娃崽不敢动！

（叮叮当）
叮叮当，叮叮当，牛回煮夜，马回烧汤。

（萤火虫）
萤火虫，夜夜光，借把钥匙开笼箱；
借头牛，犁田头，借匹马，下梧州；
梧州有泡糖鸡屎，拿回给妹刷牙齿；
刷得玉玉光，我屋有个秀姑娘。

（萤火崽）

萤火崽，你去哪里来？我去隔壁吃饭来。
什么饭？黄花饭。什么黄？鸡蛋黄。
什么鸡？两脚鸡。什么两？秤两。
什么秤？观音秤。什么官？憨老官。

（燕子鸟）

燕子鸟，飞门楼，红丝线，锁鞋头；
锁起鞋头回外家，外家没得凳，坐个谁杈杈。

（筛糠磨米）

筛糠一一磨米，磨得两箩糙米，
放在妈妈床脚底；清早起来看看，剩出两箩老鼠屎！

（月亮光）

月亮光，照四方，照到姐姐洗衣裳；
洗得白白净，打点哥哥进学堂。

（学堂馆）

学堂馆，操笔管；笔管通，坐莲蓬；
莲蓬里，抬竹椅；竹椅抬，抬秀才；
秀才出来拜一拜，拜出明年好世界；
世界多，有钱买个大鼎锅；
白天拿来煮饭吃，夜晚拿来做老婆。

（点点枝枝）

点点枝枝，龙眼荔枝；新官来到，旧官请出；
大点小点，梅花六点；君子爱才，小人蒙脸。

（点点朋朋）

点点朋朋，官人骑马妹骑龙；
官人骑马街上过，妹妹骑龙下广东；
一把葱、二把葱，三把拿雷公！

（麻子麻）

麻子麻，上树捡枇杷；
枇杷树上有个鬼，吓得麻子跌下水；
水里有条蛇，吓得麻子喊伯爷；
伯爷肚子痛，吓得麻子不敢动。

（摇一摇）

摇一摇，摇过外婆桥，外婆喊我小宝宝，
糖一包，果一包，还有饼子还有糕。

（打铁）

张打铁、李打铁，打把柴刀送姨爷；
姨爷留我歇，我不歇，我要回屋去打铁。

张打铁、李打铁，打把剪刀送姐姐；
姐姐留我歇，我不歇，我要回屋去打铁。

（打铁十）

打铁一，凤冠头上插笔管；
打铁二，问你二郎公公去不去；
打铁三，枇杷落下紫微庵；
打铁四，四根花针挑妹刺；
打铁五，划下龙船打下鼓；
打铁六，六个蚊虫叮妹肉；
打铁七，七个葫芦水滴滴；
打铁八，八个仙家砌宝塔；
打铁九，桂花园里好喝酒；
打铁十，十个麻雀叮米吃。

（点点斑斑）

点点斑斑，脚踩南山；南山北洞，狮子开口；
开口五夜，四只鸡翅；牛蹄马蹄，缩脚缩手那一只。

（砍柴）

砍柴乒乓，打锣卖糖；你是什么人？我是桃川过路人。
过路莫偷瓜。你瓜有几大？我瓜才种下。

砍柴乒乓，打锣卖糖；你是什么人？我是桃川过路人。
过路莫偷瓜。你瓜有几大？我瓜才开花。

砍柴乒乓，打锣卖糖；你是什么人？我是桃川过路人。
过路莫偷瓜。你瓜有几大？我瓜得捡啦！

（摇摇摆摆）

摇摇摆摆，撑船进海；磨利刀仔，割你鸟仔！

（鸡公崽）

鸡公崽，尾蓬松，进园叮草莫叮葱；
叮了葱，撒汗菜，汗菜开花满园红；
大姐进园拣一朵，二姐进园拣一箱；
三姐进园没得了，关起园门哭嫁妆。

（大姐脸白白）

大姐脸白白，二姐桃花色，
三姐有人看，四姐有人贪，
五姐像牡丹，六姐六人抬，
七姐绣花鞋，八姐人妖精，
九姐像观音，观音老母坐莲台；
十朵梅花九朵开，留出一朵没曾开。
惹得爸爸累，跑到爷爷床铺睡；
爷爷骂他是蠢材，要他去把轿子抬。
前面放炮后面放炮，吓得媳妇娘一大跳。

（光和尚）

月亮光，亮堂堂，月下有人来偷缸；
聋子听见了，哑子喊出嗓，
跛子追起去，断手也来帮；
抓住他一看，原来是个光和尚。

（翩翩娃）

翩翩娃，关门拿鸡杀；
大鸡拿不到，拿个小鸡杀；
鸡头鸡脚好下酒，糯米粑粑送油茶。

（萤火虫照我箱）

萤火虫，夜夜光，照我床头照我箱；
照我牛，犁田头，照我马，下梧州；
梧州见个塘，一条鲤鱼八尺长；
大哥见到莫打死，留给二哥讨婆娘；
婆娘懒又懒，屙尿来洗碗；
碗崽臭尿骚，一棒打着二婶腰；
二婶抵不起，躲进鸡笼底；
鸡笼跳蚤多，咬得二婶喊哎哟。

（月亮球球）

月亮球球，照着娃崽养水牛；
水牛过沟，踩死泥鳅：
泥鳅告状，告着和尚；
和尚念经，念着观音；
观音戽水，戽着海鬼；
海鬼摸鱼，摸着团鱼；
团鱼生个蛋，拿回给妹送冷饭。

（跛子跛）

跛子跛，跛上街，讨点米，养奶奶；
奶奶吃得多，跛子回来刮鼎锅；
鼎锅有条蛇，跛子喊伯爷；
伯爷肚拐①痛，杀只鸡来供。

（妹呀妹）

妹呀妹，嫁到石山背；
家公家婆没给回，扯起围裙抹眼泪；
眼泪没曾干，家婆喊妹吃假餐；
假餐没得菜，舀碗豆角酸。

（打板板）

打板板，得钱钱，买饼饼，送同年；
同年嫌我饼子小，小小饼子去了钱。
买块肉，挂门边，
猫婆吃完了，猫崽回来喊皇天。

（筛米磨米）

筛米磨米，磨得三箩糙米；
吃一箩，留一箩，留给阿弟讨老婆。

（怕了怕）

怕了怕，躲到门角洼；
吃了水牛奶，三年长不大。

---

① 肚拐：方言，肚子。

（打屁股）
一二三四五，打板狗屁股。
糯米打糍粑，胀死老牛牯。

（矮子矮）
矮子矮，钓蚂蜗，
吃肥肉，选大块。

（回外家）
大雨哗哗，回去外家，
外婆没在屋，喝碗冷粥；
外婆在屋，笋子煮猪肉。

（花脸公）
花脸公，撑船下广东；
广东没得米，饿死花脸公。

（驼子驼）
驼子驼，跌着脚；
跌着脚，我有药；
跌着手，我有酒；
跌着屁股杈，我有茶叶渣。

（会馆）
广东会馆一枝花，湖南会馆赛过它；
福建会馆平平过，江西会馆烂冬瓜。

（螺丝螺）

螺丝螺，落到田基脚；
不吃一颗米，不吃一蔸禾，
哪能下汤锅。

（家有猫狗）

猫吃鼠粮，狗吃贼粮；
家有猫狗，昼夜不慌。

（又来摇）

摇一摇，摇到大石桥，白米饭，甜柑桃；
大人吃了做功夫，小人吃了又来摇。

（月亮球球）

月亮球球，照到姐姐来梳头；
大姐梳个盘龙发，二姐梳个狮子滚绣球。

（月亮在天上）

月亮月亮在天上，日头日头在柳州；
谷子磨出米，茶籽榨出油。

（烟子烟）

烟子烟，莫烟我，我是天上梅花朵；
猪扛柴，狗烧火，猫崽煮饭笑死我！
烟子烟，烟过那边天，
这边鸡屎臭，那边炒黄豆。

蒋礼发先生（左）表演芦笙舞 / 莫纪德 摄

（落大雨）

落大雨，涨大水，推死鸡婆吃把腿。

（磨子磨）

磨子磨，磨螺蛳，
磨了几碗？磨了十把碗。
分不分我吃？不分！
那边山落雨，我有伞遮雨；
分不分我遮？推你到茅茨底！

（大姐粉白白）

大姐粉白白，二姐桃花色，

三姐帮炒饭，四姐有人看，
五姐舞绣针，六姐当观音，
观音走出来，穿起绣花鞋。
婆婆纺纱线，狗崽生蛋蛋。

（什么叫）
什么叫？蚂蜗叫。
蚂蜗为什么叫？它嘴巴宽。
粪箕嘴宽它不叫？它是竹子做的。
笛子是竹做的它又叫？它眼古[①]多。
米筛眼古多它又不叫？它边边浅。
锣边边浅它又叫？它是铜的。
烟筒是筒的它又不叫？它是弯的。
牛角弯的它又不叫？它是尖的。

犁头尖的它又不叫？它是生铁的。
钟是生铁的它又叫？它挂得高。
灯笼挂得高它又不叫？它是纸做的。
炮仗是纸做的它又叫？它肚里有药头。
药材铺里头有那么多药又不叫？
哎！讲不赢你，不讲了！

（《童谣》摘自恭城瑶族自治县文化局1989年编印的《恭城县歌谣集》。）

①眼古：方言，筛眼。

（月亮公公）
月亮公公，月亮球球，
有个娃崽养水牛，水牛过沟，遇到泥鳅；
泥鳅过巷，像个和尚，和尚念经，念到观音；
观音挑水，挑到海鬼；海鬼摸鱼，摸到塘角鱼；
塘鱼像个宝宝蛋，捡起回去煮早饭。

（羞刮刮）
羞羞刮刮，关门捉鸡杀，
鸡头鸡脚好送酒，糯米粑粑好送茶。

（哄老弟）
老弟老弟，我带你去看戏：
我坐板凳你坐地，我吃瓜子你吃屁。

（矮子矮）
矮子矮，钓蚂蜗，
钓着蛇，咬肚拐。
（蚂蜗：方言，指青蛙）

（长牙扒）
长牙扒，扒猪屎，扒到后园种苞米，
人家苞米得吃了，你的苞米才开花。
（长牙扒：方言，喻指吃饭较慢。）

（排排坐）
排排坐，吃果果，
你一个我一个，妹妹睡了留一个。
（大火烘烘）
大火烘烘，烧死你们外公，
外婆来救，烧得外婆脸皱皱。

（咚咚车车）
狗崽咚咚车车，车到江边，
捡得鸭蛋，送给老板吃早饭，
老板吃不完，鼻孔眼睛掬一团。

（掰掰脚）
掰掰脚，跌下河；跌着脚，给点药；
跌着手，给点酒；跌着屁股呀，给点茶叶渣。

（八子牙）
八子牙，偷鸡杀，割两点，供菩萨，
菩萨眼鼓鼓，拿起八子牙来打屁股，
打得红彤彤，别人讲他生麻风。

（跛子跛）
跛子跛、跛上街，讨点米，养奶奶，
奶奶吃得多，跛子回来括鼎锅，
鼎锅有条蛇，吓倒跛子喊伯爷，
伯爷有杆枪，一枪打倒满姑娘，

满姑娘咚咚枪，屙射巴、打标枪。
（射巴：方言，指拉稀）

（萤火虫）
萤火虫，夜夜光，借你钥匙开笼箱；
笼箱里面有颗糖，拿起去哄小姑娘。

（苦麻菜）
苦麻菜，苦丁丁，接起外婆来尝新，
外婆吃点点、舅娘鼓眼睛，
舅娘舅娘你莫鼓，后背有个大老虎。

（排排坐）
排排坐，吃糯糯，糯糯香，买仔姜，
子姜辣，买枇杷，枇杷硬，买把秤，
秤又高，买把刀，刀又长，买个羊，
羊又走，买个狗，狗又慌，买个大箩筐，
箩筐烂，买个臭鸡蛋，拿回来给你炒冷饭，
冷饭没炒香，你屙屎在裤囊！

（摇呀摇）
摇呀摇，摇到东门桥，你在东门搞什么？
我在东门砍柴柴烧。天晴多砍点，落雨好得烧。

（鼻涕浓）
鼻涕浓，吹火筒，吹上天，吓雷公，

吹进房，吓新娘，吹进箱，吓姑娘，
吹进灶，吓得灶王呱呱叫！

（矮子矮）
矮子矮，钓妈蜗，高子高，卖发糕。

（老表）
老表老表，你养鸭我养鸟，
我去你那吃肉，你来我这含鸟鸟。

（羊乜嘻）
羊乜嘻嘻，六只脚脚，背后有个鬼来捉。
（羊乜嘻：方言，指蜻蜓）

（打老虎）
一二三四五，上山打老虎，打着脚、有点药，
打着手、搓点酒，打着屁股丫，包点茶叶渣！

（哄哭）
又哭又笑，黄狗射屎，射到竹坡脚，
捡得个冬瓜瓢，戴起嘎嘎笑！

（小仔妹）
小仔妹，和狗睡，睡到半夜得个妹，
妹又哭，舀碗粥，粥又热，受碗菜，
菜又咸，三十晚瞎扯谈。

（老了变个小老头）

八岁娃崽穿红鞋，背起书包去上学，
学，学文化，画，画图画，图，图书馆，
管，管不着，着，着大火，
火，火车头，老了变个小老头。

（打掌掌）

打掌掌，得钱钱，买饼饼，送同年，
同年呗在家，送给同年妈，同年妈，笑哈哈。

（筛糠磨米）

筛糠磨米，磨得两箩糙米，
妈妈起来看一下，哪晓得是两箩老鼠屎。

（帽子歪歪戴）

帽子歪歪戴，老婆来得快！

（老鼠药）

老鼠药、老鼠药，闹死老鼠公，气死老鼠婆！

（打铁）

东打铁，西打铁，打把剪刀送姐姐，
姐姐留我歇，我不歇，我要回家学打铁。
打铁一，一览杆，打铁二，二览杆，
打铁三，三个娃娃吃猪肝，打铁四，四个娃娃吃豆豉，
打铁五，五个娃娃翘屁股，打铁六，六个娃娃吃腊肉，
打铁七，七个娃娃吃荸荠，打铁八，八个娃娃舔粑粑，

打铁九，九个娃娃在喝酒。
（览杆：方言，指全部、所有。）

（谁走先）
走一打苋尖，走二踩单车，走三骑白马，走四挨鬼打，
走五磨利刀，走六割卵泡，走七肚拐大，走八有崽下，
走九踢着脚，走十我有药。

（分人没分众）
大虫吃小虫，吃了肥浓浓，分人没分众，吃了肚子痛！

（哭赖王）
天蓝蓝、地黄黄，我家有个哭赖王，
过路君子念一念，一觉睡到大天光！

（矮子矮）
矮子矮，钓蚂蚜，吃肥肉，选大块。
高子高，卖发糕，一边走，一边敲。
跛子跛，跳上街，讨筒米，养奶奶。
胖子胖，打麻将，输了钱，呗认账。
瘦子瘦，卖黄豆，一边走，一边漏。
麻子麻，上树摘枇杷，枇杷高，跌着麻子腰，
枇杷矮，跌着麻子崽。

（打屁）
一根竹子十二节，哪个打尾屙生血！

（丫头丫）

丫头丫，卖菜花，卖给婆婆打嘴巴，婆婆不打我来打！

（脸上有颗饭）

脸上有颗饭，留给娘老看，奶老讲你好能干，老子讲你大笨蛋！

（哭赖婆）

哭赖婆，养鸡不养鹅，养鸡呗下蛋，气死哭赖婆！

（月亮光）

月亮光照四方，照到鲤鱼塘。
鲤鱼鲤鱼你也好，你有鳞，可怜螺蛳夜夜行；
螺蛳螺蛳你也好，你有一层壳，可怜蚂蚜打赤脚；
蚂蚜蚂蚜你也好，你有一双跳跳，可怜鸡公早早叫；
鸡公鸡公你也好，你有冠，可怜耗子夜夜钻，
钻到竹筒古，挨猫咬屁股。

（柑子皮）

柑子皮、柚子皮，哥哥骂你厚脸皮，
哥来骂你你莫骂，今天呗骂明天骂。
牛吃禾，马鞍背，春起粑粑接满妹，
接了三天接不回，扯起围裙抹眼泪，
抹也抹不干，躲到门背哭一餐。

（烟子烟）

烟子烟，莫烟我，我是天上的梅花朵；
猪拿柴，狗烧火，猫仔煮饭笑死我！

恭城瑶族传统民歌

一、三江乡民歌

（一）依呀歌

采集　恭城瑶学研究会
记谱　全德胜
演唱　盆万祥（三江石口屯）

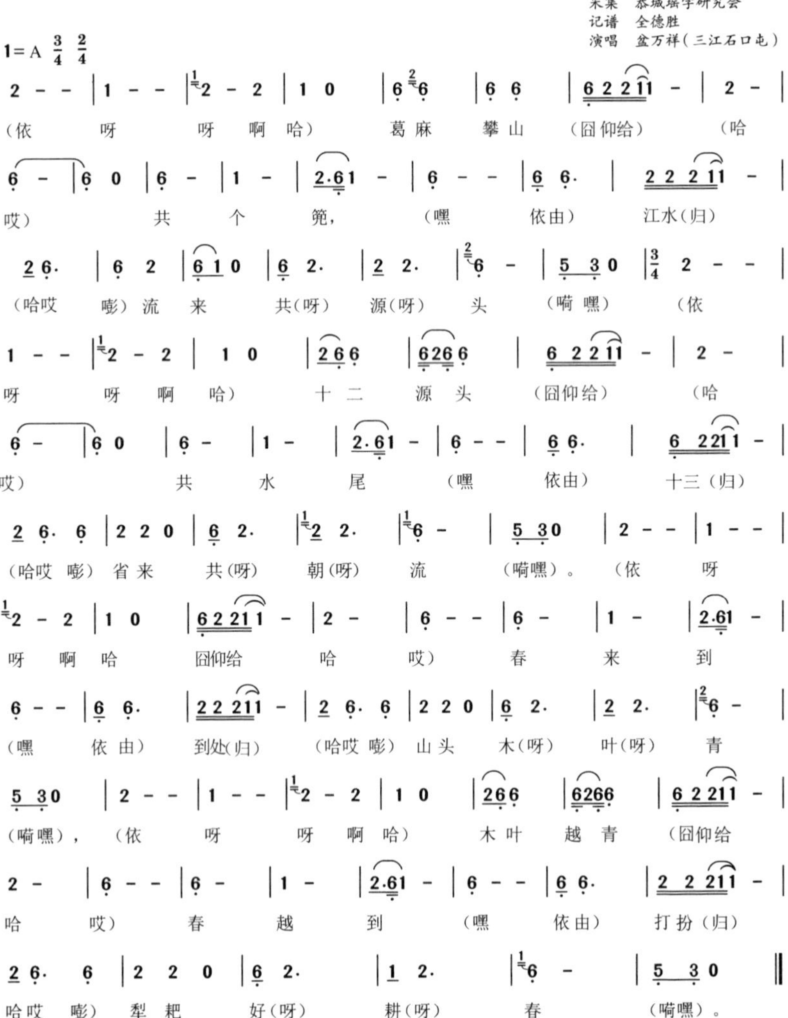

（二）夜堂歌

1. 开天地

1＝C $\frac{2}{4}$ ♩=70

演唱　盆万祥（三江石口屯）

自从盘古开天地，三皇五帝置乾坤；

先置黄河九度水，后造江南十座城。

2. 把姐连

1＝♭B $\frac{2}{4}$ ♩=70

演唱　刘登福（三江开源屯）

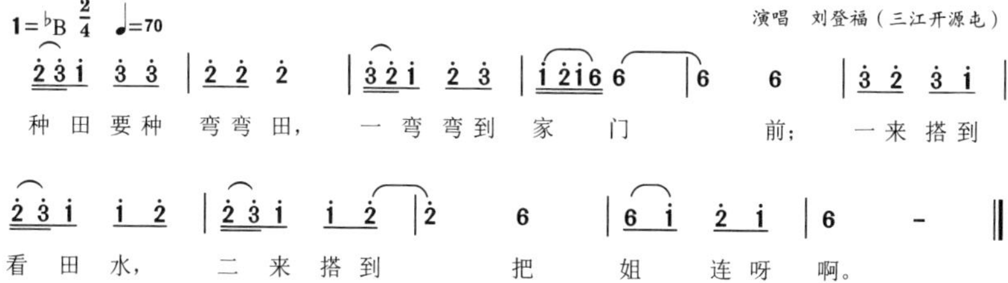

3. 梅山调

1＝G $\frac{2}{4}$ ♩=100

演唱　盆万祥（三江石口屯）

东边走，东边跑，东边有只大老虎。拿刀来，拿箭来，拿枪来。打倒老虎，转（呀）回（呀）头（喂）。

南边走，南边跑，南边有只人野猪。拿刀来，拿箭来，拿枪来。打倒野猪，转（呀）回（呀）头（喂）。

二、莲花镇山歌

（一）八甲歌

演唱 赵翠花 赵格花 赵兰花 陶华丽 郑玉春

1=F 4/4 ♩=72

5·11 - 21 | 212 - - | 26511 - | 1 21165 | 5 - - - | 5 5· 0· | 561 - 12 |

门前 有树 鸟来 站， 门前 无树

2·1655 - | 5 - - - | 5 - 0 0 | 5·1 2 - - | 2165 1 - 12 | 5 2 - 21 |

鸟飞 （咻） 高。 今夜 主人 逢喜

165 - - | 165· 0· | 561 - 2 | 1·2165 - | 5 - - - | 5 - 0 0 |

事， 主家 莫怪 贱来 （咻） 吵。

5212 - 121 | 5 511 - | 561 122 | 2 161165 | 5 - - - | 1 165 0· | 561 - 12 |

坐在 堂前 唱一 声， 贱把 寒歌

2 - 165 | 5 - - - | 5 - 0 0 | 5·1 2 - - | 2165 1 - - | 212 - - |

问主 （咻） 人； 问过 主人 开了

165 - - | 1 5· 0· | 161 - 2 | 12165 - | 5 - - - | 5 - 0 0 |

意 主人 开意 贱开 （咻） 心。

（二）八甲歌

演唱 赵才连 黄春益（龙围杉木塘）

三、新合村瑶歌

（一）

演唱　邓金才　邓金福　邓新青
邓金秀　李桂兰

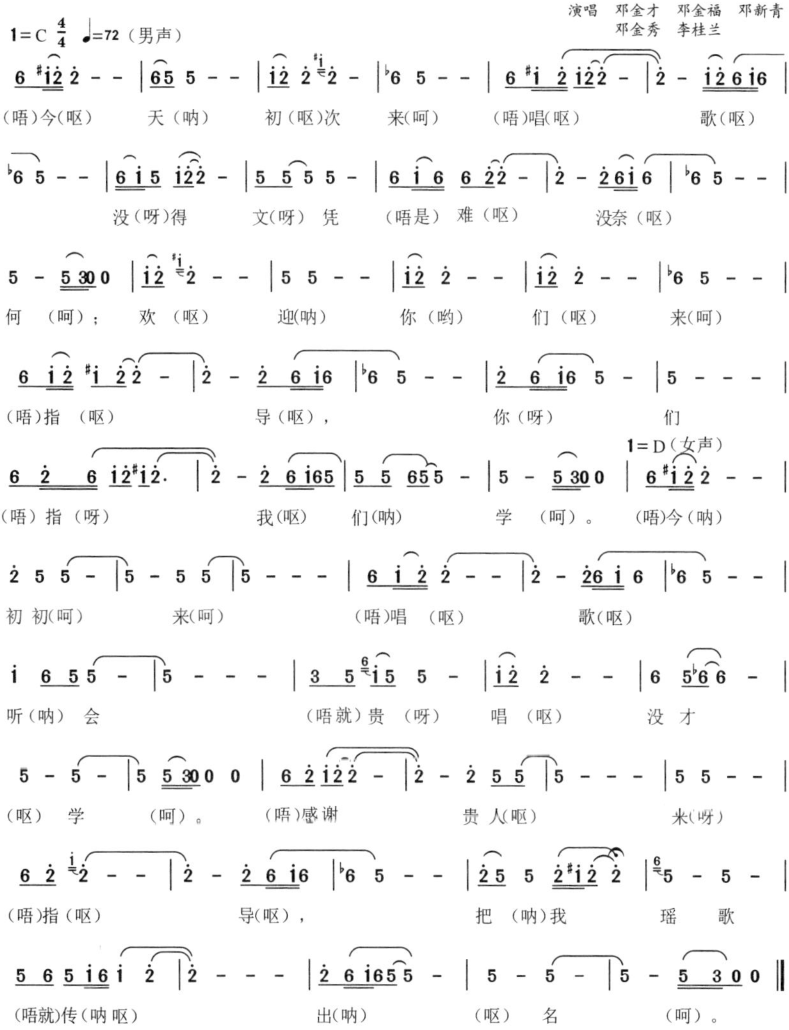

1=C $\frac{4}{4}$ ♩=72（男声）

（唔）今（呕）　天（呐）　初（呕）次　来（呵）　（唔）唱（呕）　歌（呕）

没（呀）得　文（呀）凭　（唔是）难（呕）　没奈（呕）

何　（呵）；欢（呕）　迎(呐)　你（哟）　们（呕）　来(呵)

（唔）指　（呕）　导（呕），　你（呀）　们

（唔）指（呀）　我(呕)　们(呐)　学　（呵）。

1=D（女声）

（唔)今（呐）

初 初(呵)　来(呵)　（唔)唱　（呕）　歌(呕)

听（呐）会　（唔就）贵　（呀）　唱　（呕）　没 才

（呕）　学　（呵）。　（唔）感谢　贵 人(呕)　来(呀)

（唔)指（呕）　导(呕)，　把　（呐)我　瑶　歌

(唔就)传（呐 呕）　出(呐)　（呕）　名　（呵）。

（二）

演唱 邓金才 邓金福 邓新青
邓金秀 李桂兰

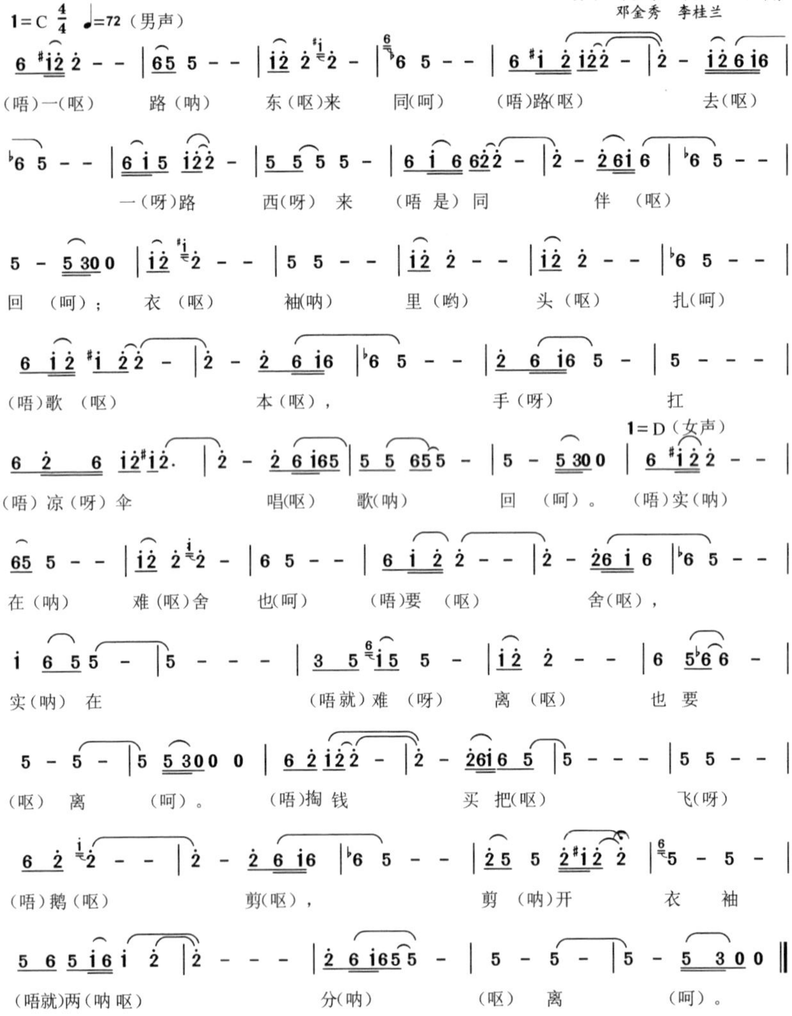

1＝C $\frac{4}{4}$ ♩=72（男声）

（唔）一(呕) 路（呐） 东（呕)来 同(呵) （唔)路(呕) 去（呕)

一（呀)路 西(呀) 来 （唔 是）同 伴 （呕)

回 （呵）； 衣（呕） 袖(呐) 里（哟） 头（呕） 扎(呵)

（唔)歌 （呕） 本（呕）， 手（呀） 扛

（唔）凉（呀）伞 唱(呕) 歌(呐) 回 （呵）。

1＝D（女声）

（唔)实（呐)

在（呐） 难（呕)舍 也(呵) （唔)要 （呕) 舍(呕)，

实（呐） 在 （唔就)难 （呀） 离 （呕） 也 要

（呕） 离 （呵）。 （唔)掏 钱 买 把(呕) 飞(呀)

（唔)鹅(呕) 剪(呕)， 剪 （呐)开 衣 袖

（唔就)两(呐 呕) 分(呐) （呕） 离 （呵）。

四、观音乡民歌

（一）山歌对唱

1=G $\frac{2}{4}$

演唱　蒋礼发　周翠珍

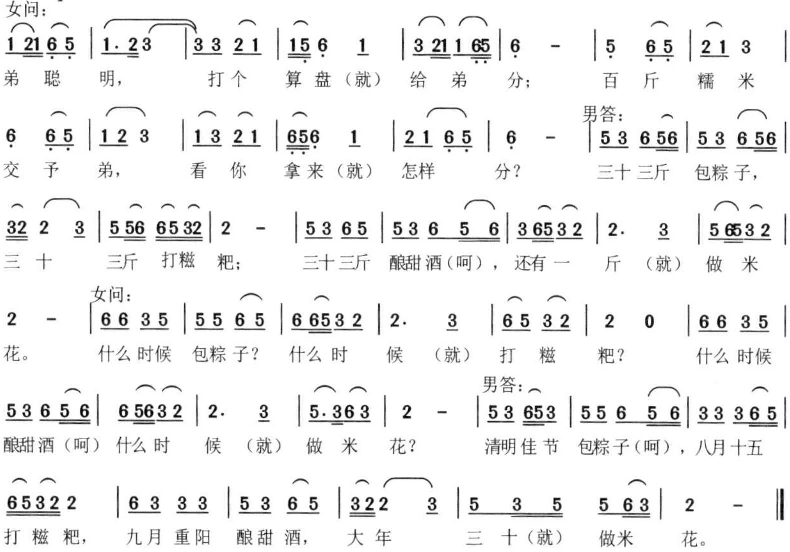

女问：

1 21 6 5 | 1· 2 3 | 3 3 2 1 | 1 5 6 1 | 3 21 1 65 | 6 – | 5 6 5 | 2 1 3 |

弟聪明，打个算盘（就）给弟分；百斤糯米

6 6 5 | 1 2 3 | 1 3 2 1 | 656 1 | 2 1 6 5 | 6 – | 男答：5 3 6 56 | 5 3 6 56 |

交予弟，看你拿来（就）怎样分？三十三斤包粽子，

32 2 3 | 5 56 65 32 | 2 – | 5 3 6 5 | 5 3 6 5 6 | 3 65 3 2 | 2· 3 | 5 65 3 2 |

三十三斤打糍粑；三十三斤酿甜酒（呵），还有一斤（就）做米

2 – | 女问：6 6 3 5 | 5 5 6 5 | 6 65 3 2 | 2· 3 | 6 5 3 2 | 2 0 | 6 6 3 5 |

花。什么时候包粽子？什么时候（就）打糍粑？什么时候

5 3 6 5 6 | 6 56 3 2 | 2· 3 | 5·3 6 3 | 2 – | 男答：5 3 653 | 5 5 6 5 6 | 3 3 3 6 5 |

酿甜酒（呵）什么时候（就）做米花？清明佳节包粽子（呵），八月十五

65 32 2 | 6 3 3 3 | 5 3 6 5 | 32 2 3 | 5 3 5 5 63 | 2 – ‖

打糍粑，九月重阳酿甜酒，大年三十（就）做米花。

（二）欢喜歌

1=D $\frac{2}{4}$

演唱　蒋礼发（观音水滨）

热情地

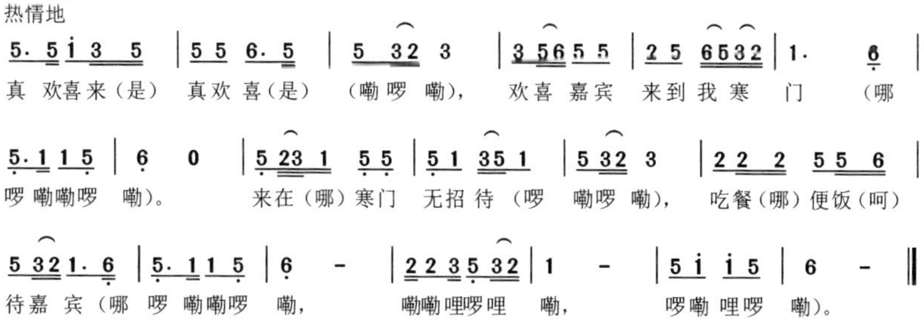

5· 5 i 3 5 | 5 5 6· 5 | 5 32 3 | 3 56 5 5 | 2 5 65 32 | 1· 6 |

真欢喜来（是）真欢喜（是）（嘞啰嘞），欢喜嘉宾来到我寒门（哪

5·1 1 5 | 6 0 | 5 23 1 5 5 | 5 1 35 1 | 5 32 3 | 2 2 2 5 5 6 |

啰嘞嘞啰嘞）。来在（哪）寒门无招待（啰嘞啰嘞），吃餐（哪）便饭（呵）

5 32 1· 6 | 5· 1 1 5 | 6 – | 2 2 3 5 32 | 1 – | 5 i i 5 | 6 – ‖

待嘉宾（哪啰嘞嘞啰嘞，嘞嘞哩啰哩嘞，啰嘞哩啰嘞）。

（三）敬酒歌

1＝D $\frac{2}{4}$ 热情地

演唱　蒋礼发

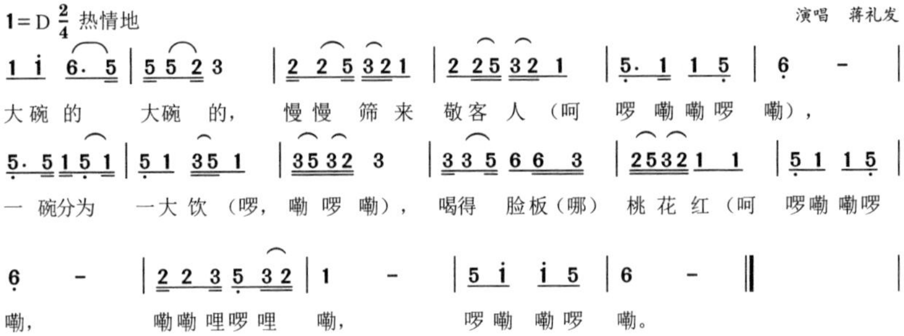

大碗的　大碗的，慢慢筛来敬客人（呵　啰嘞嘞啰　嘞），

一碗分为　一大饮（啰，嘞　啰　嘞），喝得　脸板（哪）　桃花红（呵　啰嘞　嘞啰

嘞，　嘞嘞哩啰哩　嘞，　啰嘞　嘞啰　嘞。

（四）挖地歌

1＝C $\frac{4}{4}$

演唱　蒋礼发

一　下　鼓来（哎）　一下　锣（啊），　咚咚哐　咚咚哐　咚哐咚哐咚咚哐

我惊动了（呵）　山中的（咯）土地　神（哎）　（唔喂唔喂），

咚咚哐　咚咚哐　咚哐咚哐咚咚哐　土地公公　和土地　婆婆　你莫见怪（哟）（哟）

（唔喂唔　喂），　咚咚哐　咚咚哐　咚哐咚哐咚咚哐　我打锣　我打　鼓　（是）闹　阳

春　（哎）　（唔喂唔喂）。

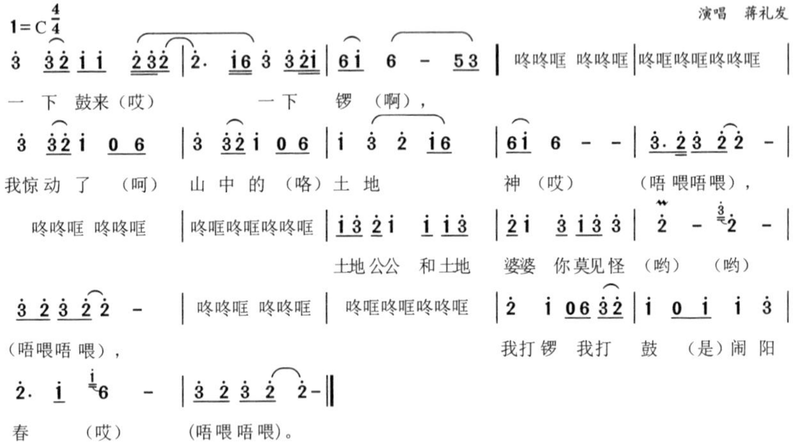

（五）情歌

演唱　黄坤玉
记谱　全德胜

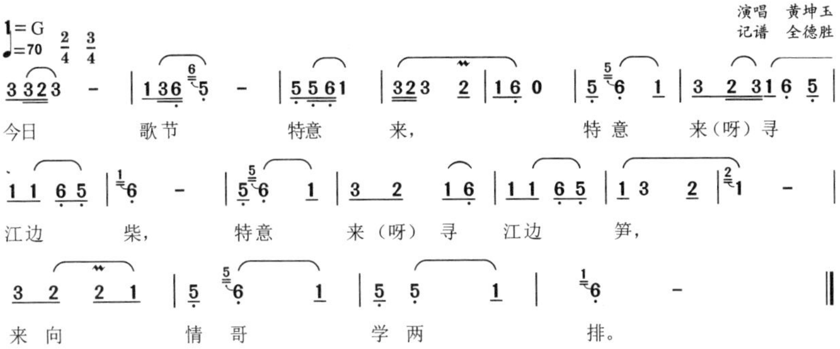

1＝G　♩＝70　2/4　3/4

今日　歌节　特意　来，　特意　来（呀）寻
江边　柴，　特意　来（呀）寻　江边　笋，
来　向　情　哥　学　两　排。

五、泉会村民歌

（一）花烛歌

1＝G　2/4　轻盈喜悦地

演唱　卢贤臣

一进(呀)　厅来（哟）　二　进（哟）　门，　二进　（咪）　门　我　首先　（哟）　问　你(哟)
主家　人(哟哦)　主家　人（哟）,我　有心（哟）　想要　来吵　闹，
来吵（嘞）　来　闹，　我问你　主家　应　不　应（哟　哦）　应　不　应（哟）。

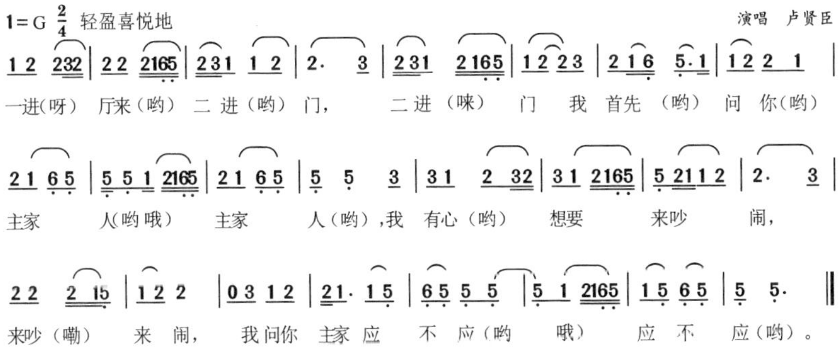

（二）贺郎歌

1＝C $\frac{2}{4}$ 热情喜庆地

演唱　邹定英
记谱　全德胜

一个堂屋四四方（哟），八仙桌子摆中央（啰）。

（啰呤哟鲜花呀呤啰哪个呤哎，啰呤哟鲜花呀贺新哪个郎(啰)。

我想有心（呀）来吵闹（哟），问你（呀）主家（呵）应不应(啰)。

（啰呤哟鲜花呀呤啰哪个呤哎，啰呤哟鲜花呀贺新哪个郎啰）。

（三）闲歌（男女对唱）

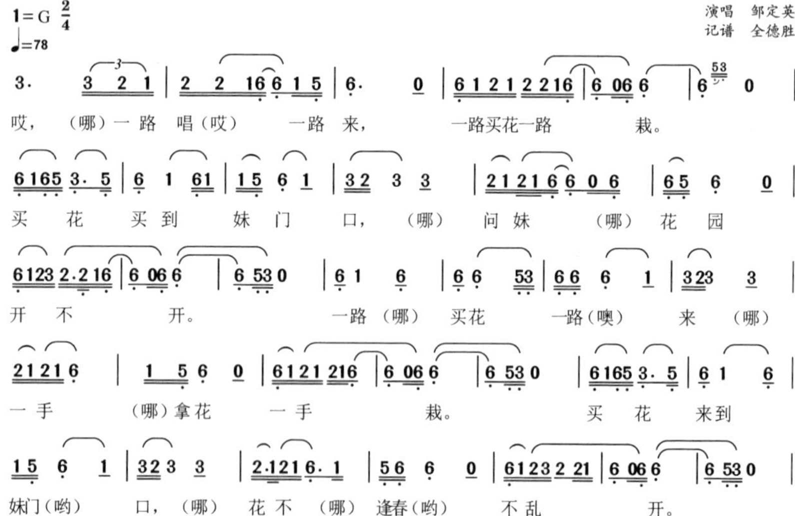

六、孝歌

（一）

1=G 2/4

♩=60

演唱　何前荣（西岭岛坪）

记谱　易宣强

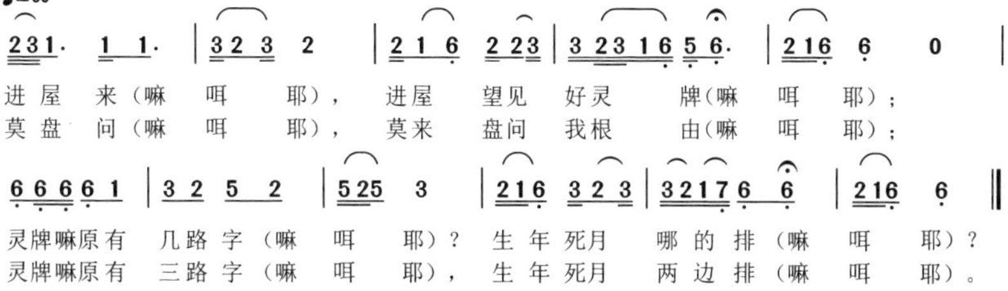

进屋来（嘛　[illegible]耶），进屋望见好灵牌（嘛　吽　耶）；

莫盘问（嘛　吽　耶），莫来盘问我根由（嘛　吽　耶）；

灵牌嘛原有几路字（嘛　吽　耶）？生年死月哪的排（嘛　吽　耶）？

灵牌嘛原有三路字（嘛　吽　耶），生年死月两边排（嘛　吽　耶）。

（二）

1=F 2/4

♩=70

演唱　王学娥（莲花湖山）

记谱　陈少波

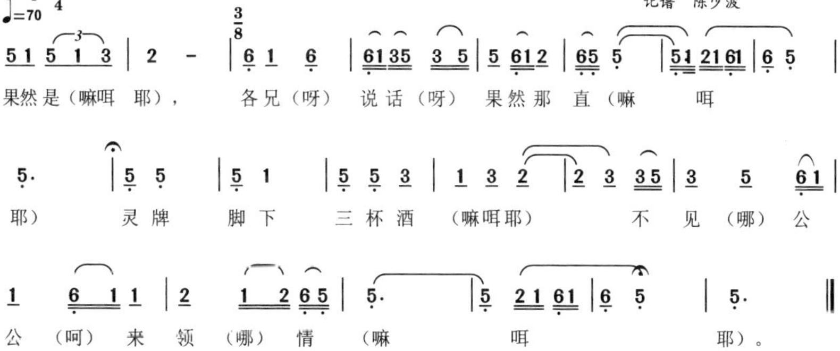

果然是（嘛吽　耶），各兄（呀）说话（呀）果然那直（嘛　吽

耶）灵牌脚下三杯酒（嘛吽耶）不见（哪）公

公（呵）来领（哪）情（嘛　吽　耶）。

后记

为传承和弘扬瑶族民歌文化，恭城瑶族研究学会于2017年元月7日召开“瑶族古歌”采集会议，出席会议的有莫模林、莫晓娴、田明月、黄宝川、谢朝登、黄连芳、赵元强、蒋礼发、杨才明等同志。会议强调了采集的目的和意义、采集内容，研究了工作步骤、方式方法等。随后又两次召开采集工作汇报会。粗略统计，至2017年6月底已收录采集了2000首歌词。此间我正在搜集整理《恭城瑶族碑文集》及校阅《瑶族梅山经》阶段，无暇顾及。7月下旬突患重感冒，两次住院治疗，仍是头晕眼花，不能看书写文。至2018年2月，见事搁浅，只得请田明月同志代为整理部分歌稿，但不尽如人意。至3月中旬，天遂人愿，病情好转，才开始核阅歌词，归类入集。

2018年5月1日，初录歌词3800多首。5月8日赴邕，拜见广西民族出版社副社长徐美，说明了古歌的采集编排以及传承意义和研究价值，其颇为满意，即叫编辑室主任黄丹与我对接交谈，初步讨论《瑶族古歌·恭城卷》出版事宜。回恭城以后，根据古歌的缺漏部分，我进行了补缺，以及增删、查改工作，同时对八类（章）歌词内容各写一篇简介，以提升其文化价值，并摘选和补摄相关照片，突出特色。再是收录各类歌曲，请全德盛记谱，使古歌词曲并茂，增进弘扬与传承的意义。

《瑶族古歌·恭城卷》得以出版，首先感谢自治区党委政法委原书记彭祖意同志给予的首肯和经费支持，并写序；感谢县委政府及有关领导给予的鼓励与支持；感谢恭城瑶族研究学会各会员辛勤地搜集与各瑶区歌师、歌手的真诚配合与无私奉献！

莫纪德

2018年7月于恭城